좋은 세상 나소서

좋은 세상 나소서

천도재의 공덕과 천도의 원리
無一 우학 스님 천도법문

도서출판 좋은인연

책을 내면서

　철학자가 아니더라도 누구나 가끔은 죽음과 죽음 이후의 세계를 생각하게 됩니다. 왜냐하면 내가 당하지 않고는 알 수 없는 세계로, 살면서 드물지 않게 가까운 타인의 죽음을 마주하며 낯선 경험을 하기 때문입니다.

　사실, 죽음이란 명제는 무겁고 어둡고 두렵기까지 하여 당사자는 물론 주변 사람들도 받아들이기 어려울 때가 많습니다. 인간은 왜 태어날 수밖에 없고 또 왜 죽을 수밖에 없는가? 죽는다면 어디로 가는 것일까?

　불교는 그에 대한 분명한 대답을 주고 있습니다.

　불교의례의 거의 절반이 '천도의식'임을 생각해보면 금방 짐작이 가는 일입니다. 불교의 생사관生死觀에 따른 법法다운 천도의식은 삶과 죽음에 대한 바른 견해를 심어주는 산 교육장으로서 선근공덕의 성취가 있음을 보여줍니다.

  삶과 죽음의 경계에서 그 둘을 달리하지 않고 삶만큼이나 죽음 또한 희망이며 더 나은 새로운 출발을 알리는 영가 천도의식의 중요성이, 작지만 결코 가볍지 않은 이 천도법문 모음집을 내기에 이른 것입니다. 여기 실린 내용은 지장재일 및 백중 법회를 통해 했던 법문을 재편집한 것으로 영가천도에 대한 확신이 담겨져 있는 평소 소납의 견해입니다.

  죽음에 대한 긴 슬픔과 모호한 두려움을 떨쳐 버리고 영가 천도 원리를 알고서 의식에 동참한다면 신심은 더욱 돈독해지고 그로 인한 천도 공덕을 누리게 될 것입니다.

  우리절 한국불교대학 大관음사에서 거행하고 있는 '1년 49주 천도재' 입재 날, 사시 불공시간에 축원장을 읽다보니 대중 스님들이 자신들의 7대 선망 부모의 이름을 올리고 동참한 것이 눈에 띄었습니다. '바르게 알고 바르게 실천한다' 라는 생각이 절로 들었습니다.

사실 소납도 이번에 틈틈이 모은 용돈으로 조상 영가를 모셨기에 더 마음이 쓰이는 1년 49주 천도재이기도 합니다.

이 책이 이미 가신 영가님들의 앞길을 밝히고 또한 살아 있는 사람들의 복혜福慧안목을 넓히는 기회가 되며 그들을 하나로 잇는 가교架橋가 되기를 바라마지 않습니다.

시절인연이 되면 결코 간과할 수 없는 영가 천도를 통한 공덕성취 즉, 영가 천도를 통한 조상의 음덕 이야기가 또 한 권의 책으로 엮어질 것입니다. 인연 닿는 모든 분들의 행운과 기도성취를 간곡히 발원합니다.

대한불교조계종 한국불교대학 大觀音寺

회주 無一 우학 합장

차례

책을 내면서
005

꽃비 내리는 그 길, 먼 길 떠나시는 그대에게
014

인생의 참 멋을 아는 사람은 라이브를 즐긴다
020

영가는 반드시 있다
024

제사가 맞나요, 재가 맞나요?
030

가장 큰 복을 짓는 일
033

바보가 되라
038

조상의 음덕은 구름에 가린 태양에도
얼굴이 그을리는 것과 같은 것
042

업장業障은 영원한 굴레인가
048

업력業力을 원력願力으로
052

업장業障을 녹이세요, 업業의 불길을 끄세요!
060

살아오면서 찌든 마음의 때부터 벗겨내야
066

보이지 않는 세계가 보이는 세계를 지배한다
070

영혼의 업그레이드
074

천도재, 알고 합시다
078

천도의식薦度儀式
100

짧은 진언, 큰 공덕
108

비밀한 가지加持
113

차례

4진언四眞言
116

다섯 여래의 명호를 함께 부르는 이유
124

가피 서린 이 공양 드시기를 청하옵니다
144

영가, 그들을 위한 고차원적 언어
148

공양찬供養讚
152

얽힌 실타래를 푸는 일
160

좋은 세상 나소서
164

반야용선般若龍船을 타고
168

우란분절盂蘭盆節
172

효孝의 도리
180

천도재는 선행善行
186

입을 잘 쓰는 방법
190

행복공동체 구현
194

법계法界 속에 충만한 복과 덕을 불러 들이려면
198

자신의 참마음을 알아가는 길
206

'한순간'에 '영원'이
212

나는 고성능의 칩chip
216

죽음, 그리고 그 너머
222

조상기일

가끔씩 할일없이 꿈 속에 조상님들
결제중 산골짜기 선방까지 찾아오면
인연은 어쩔수없어 장손임을 느끼네

새벽꿈 그먼길을 또 한 분 오셨다네
문귀홍 남평유인 생면부지 고조모님
절에다 전화해보니 그분오늘 제사란다

어 차 피 절에서는 회주스님 조상챙겨
기일때면 빈틈없이 목탁치고 천도염불
그럼에도 찾아오심은 고맙다는 표시일것

꽃비 내리는 그길, 먼 길 떠나시는 그대에게

지장재일노래

지장보살 명부세계 눈물 흘리며
남김없이 뭇 생명 제도하시네.
삼세간 하고 많은 숱한 영가님
오늘 같은 좋은날 천도합니다.
깜깜한 무명업장 헤매는 이들
정성껏 차 올려 염불합니다.
긴 윤회 인연영가 오늘 비로소
장상명주 공덕 입어 극락 갑니다.
대원의 본존이신 지장보살님
꽃비가 내립니다. 허공 가득히
꽃비가 내립니다. 허공 가득히

| 작사 우학스님 작곡 이달철 |

● 　　　이미 오래전부터 우리 삶의 중요한 구성요소로서 자리 잡고 있는 음악은 인간의 심성心性에 커다란 영향을 미치며 대다수 종교에서 신도들을 일깨우는 포교의 도구로 큰 역할을 하고 있습니다.

불교경전에서도 부처님께서 설법하시기 전 땅이 진동하고 하늘 음악이 울리고 꽃비가 내리는 장엄한 광경이 펼쳐진 것을 표현한 것만 보더라도 음악은 부처님 당시부터 함께 했으며 중요하게 여겨졌음을 알 수 있습니다.

사실 때에 따라선 장황한 법문 1시간보다 찬불가 몇 곡이 더 나을 수도 있습니다. 노래는 아름다운 선율과 함께 함축된 언어인 노랫말을 통해 전하고자 하는 핵심 내용을 가슴에 와 닿게 서정적으로 잘 담아내고 있기 때문입니다.

지장재일의 이 짧은 노랫말에도 지장재일의 의미가 고스란히 담겨져 있습니다.

지장재일은 지장보살님께 예경을 올리고 그 본원本願을 닮기 위해 수행하는 날인 동시에 보살님의 위신력에 힘입어 돌아가신 영가님을 위한 기도를 올리는 날이기도 합니다. 지장재를 올려 영가님을 극락왕생하도록 하거나 좀 더 나은 세상으로 가시도록 인도하는, 기쁘고 좋은 날임에 틀림없습니다. 이런 날 노랫소리가 빠져서야 되겠습니까?

지장보살님은 어떤 분이신가요.

석가모니부처님의 부촉附囑에 따라 부처님의 입멸 후, 미래불인 미륵불이 출현하기까지의 무불無佛시대에 6도六道의 중생을 교화, 구제한다는 보살입니다. 지옥 문전門前에 서서 고통을 받는 영가, 저승을 헤매는 영가 등 안타까운 사바세계의 중생들을 보고 눈물을 흘리고 계십니다. 지옥중생 그들을 하나도 남김없이 다 제도할 때까지 성불成佛하지 않겠다는 서원을 세우시고 늘 중생 곁에 머물러 손을 잡아 주시는 대비大悲의 보살입니다.

이렇듯 측은지심惻隱之心으로 무장하여 보살행을 실천하시는 지장보살님은 명부세계에서 눈물 흘리며 남김없이 뭇 생명 제도하십니다.

다겁생을 이어오면서 인연 맺지 않은 데가 없어 과거세, 현재세 미래세를 통해 모두가 나의 조상이자 자손이 되는 선망조상, 유주무주 영가고혼, 태중사망 영가 등 삼세간三世間 하고 많은 숱한 영가님들

지장보살을 청請하여 예경올리고 업을 맑히는 지장재일, 오늘 같은 좋은 날 천도합니다.

부처님의 진실한 가르침, 무량한 지혜의 빛 못 만나, 기약 없이 어두운 터널을 깜깜한 무명업장으로 헤매는 이들이여!

이제 편안히 부처님 전에 앉으소서. 정성스레 준비한 부처님 가

피 깃든 법다운 공양을 배불리 흠향하시고 부처님의 법음에 귀를 기울이소서. 마음의 근원을 깨달아 생전生前의 집착하는 마음 훌훌 다 털어 버리고 한마음 돌리시어 밝은 길 가시도록 정성껏 차 올려 염불합니다.

끊임없는 육도를 헤매는 피곤한 여정에 지친 긴 윤회 인연영가님이시여.

장상명주를 아십니까?

지장보살님의 손바닥 위에 놓여 있는 밝은 구슬을 말합니다. 장상掌上이란 '동그랗게 오므린 손바닥 위에' 명주明珠란 '어둠을 밝히는 밝은 구슬'이라는 뜻으로 지장보살의 위신력으로 어둠의 세계를 밝히는 구제救濟의 의미를 지니고 있습니다. 즉 일체 모든 중생을 내 뜻과 같이 다 구제하겠노라는 원願이 담긴 구슬입니다. 다른 말로는 마니보주, 여의보주라고도 합니다.

명주, 말 그대로 태양이 떠오르면 온 천지가 밝아지는 것처럼 이 구슬 하나로 온 세상을 밝힙니다.

깜깜한 지옥에 있는 어둠의 세계를 광명의 세계로, 불안한 두려움의 세계를 평화롭고 행복한 세계로, 사는 것이 힘든 사람에게는 불행과 재난을 없애주어 더는 힘들지 않고 안락한 삶을 살 수 있도록 인도해주는 신비한 보주寶珠입니다.

우리는 지금 오탁악세五濁惡世에 살고 있습니다.

다섯 가지 더러움五濁의 죄악으로 물든 사바세계라 하지 않습니까? 그러한 사바세계라 할지라도 그 곳에 장상명주를 담그기만 하면 깨끗하고 맑은 정토 세계가 된다고 했습니다.

지장재일, 대원大願이 깃든 명주를 든 지장보살님의 위신력으로 질긴 무명업장의 굴레에서 벗어나는 날입니다. 오늘 비로소 장상명주 공덕 입어 극락 갑니다.

장상명주 비추어 가시는 길 극락 되었습니다.

성불도 미룬 채 지옥이 텅 빌 때까지 중생을 제도하리라는 서원으로 지옥이든 천상天上이든 고통받는 중생들이 있는 곳이면 어디든 찾아가서 구원하겠다는 맹세가 그 누구보다도 크고 위대함을 지닌 대원의 본존本尊이신 지장보살님 당신의 원력이 있기에 우리 모두 극락갑니다.

불보살님께 감화를 받은 수많은 영가들을 아미타불이 계신 서방극락정토로 데리고 갈 반야용선이 위풍당당 닻을 내려 기다리고 있고, 그들을 인도해주실 인로왕보살님과 지장보살님이 계신 그곳에…

꽃비가 내립니다, 허공 가득히

영가들은 저마다 깨끗하게 맑혀진 마음으로 행복의 길을 나섭니다. 낡은 옷은 버리고 새 옷으로 갈아입으니 새사람이 되었습니다. 좋은 세상으로 갈 채비를 마친 영가님들, 너무 기뻐 너울너울 춤을 추며 가는 그길 따라 그들 머리 위로…
 꽃비가 내립니다, 허공 가득히

 대원본존 지장보살님을 일념으로 부르고, 극락주재 아미타불에 귀의하여 아미타불을 정성껏 부르는 일, 그래서 온 세상을 장엄하고 아름답게 하는 그 자리 자리마다…
 꽃비가 내립니다, 허공 가득히
 극락왕생하소서.

    法身遍滿百億界 법신변만백억계
    普放金色照人天 보방금색조인천
    應物現形潭低月 응물현형담저월
    體圓正坐寶蓮臺 체원정좌보련대

   법신불은 백억계에 가득하시고
   거룩하신 광명으로 인천 비추니
   중생 위에 나투신 몸 연못 달 같아
   본 법신은 연화좌에 항상 계시네.

인생의 참 멋을 아는 사람은 라이브를 즐긴다

- "재일에는 반드시 절에 와서 기도하고 법문을 들어야 합니다."

그러면 이렇게 반문反問합니다.

"스님, 절에 오려니 너무 바빠요. 집에서 홈페이지 동영상을 통해 법문을 들으면 안 되나요?"

"스님, 날씨도 궂은데 굳이 재일에 절에 와서 기도하고 꼭 법당에 앉아서 법문을 들어야 합니까?"

좋은 공연물을 보기 위해 밤새 줄을 서서 표를 사고, 비행기를 타고 직접 가서 보는 수고로움과 번거로움을 주저하지 않는 사람들이 있습니다. 그 현장에는 마음을 울리고 세포를 살리는 감동이 있음을 알기 때문입니다.

입체적이고 생생한 현장감이 살아 있는 라이브가 낫습니까, 단순평면적이고 기계적 기록인 녹화가 낫습니까?

이런저런 핑계로 절에 오지 않고 녹화된 인터넷 동영상 법문을 듣는다며 재일에 집에 앉아 있는 사람은 인생의 참 멋을 모르는 사람이며 즐길 줄 모르는 사람입니다. 진정으로 인생의 참 멋을 아는 사람은 생생하게 사람의 호흡을 느낄 수 있는 라이브를 즐깁니다.

본래 재일은 그날만이라도 몸과 마음을 살펴 악업惡業을 짓지 않도록 특별히 조심하면서 수행하도록 정한 날입니다. 그러므로 재일에 절에 와 기도하고 법문을 듣는다는 것은 불자로서의 의무이며, 신심을 돈독히 하고 오염된 마음을 정화하여 악업을 짓지 않고 선근善根 공덕을 닦는 일입니다.

진정한 불자라면 한여름에 폭설이 내리는 기상이변이 있을지라도 재일에는 반드시 절에 와야 합니다.
 그중에서도 지장재일은 조상의 음덕을 기리고 영가를 천도하는 아주 중요한 날입니다.
 한 달에 한 번 있는 지장재일을 잘 챙기는 것만으로도 법계法界에 두루한 생명력으로 영가는 물론 내가 충전되는 복을 누릴 수 있습니다. 청복淸福, 아주 맑은 복입니다.
 지장재일을 열심히 챙겨 절에 나와 기도하고 천도재를 정성스레 올리는 일 등은 라이브 무대에서 공연자와 객석 간에 쌍방 커뮤니케이션으로 상호교감을 나누며 감동을 자아내듯 분명 감응感應이 함께 할 것입니다.

因緣聚散 인연취산
今古如然 금고여년
虛徹廣大 허철광대
靈通往來 영통왕래
自在無碍 자재무애

인연이 모였다가 흩어짐은
지금이나 예전이나 그러하듯이,
텅비어 탁 트이고 넓고 커서
신령스럽게 통하여 오고감에
자재하여 걸림이 없도다.

영가는 반드시 있다

우리가 무엇을 판단하는 것은
우리 인식 능력 안에서만 판단하는 것이지
인식 능력 밖에 있는 조상의 존재,
이런 것들은 잘 판단하지 못한다.
즉 지혜가 없는 사람들은 자기 인식을 벗어나
그 너머에 있는 조상에 대해 알 리가 없다.
그럴 땐 선지식들이 하신 대로
지장재일 열심히 찾고,
또 천도재 부지런히 잘 지내는 것이 상책이다.
분명한 것은
영가는 반드시 있다는 사실이다.

● 　　　　태어났기에 죽습니다. 태어난 사람, 누구에게나 죽음은 찾아옵니다. 세상에서 일어나는 모든 일이 필연 아닌 것이 없지만, 특히 죽음이라고 하는 것은 100% 예정된 필연입니다. 누구에게나 반드시 찾아오기 때문입니다.

미국 뉴저지 주의 어떤 마을에서 마일스 앤 루카스라는 사람이 차를 몰고 가다가 맞은편에서 중앙선을 침범하여 달려오던 차와 충돌하면서 창밖으로 튕겨져 나와 인근 묘지의 한 비석에 부딪혀 그 자리에서 즉사하고 말았습니다. 그런데 그가 부딪힌 묘비에는 '마일스 앤 루카스'라고 쓰여 있었습니다.

사고를 당한 사람과 묘비의 주인 이름이 같다는 것이 우연치고는 너무나 이상한 일이었습니다. 더욱 놀라운 일은 묘비 뒷면에 "죽음은 모든 자에게 동등하게 찾아온다."라는 글귀가 새겨져 있었다는 것입니다.

세상에서 일어나는 모든 일은 필연 아닌 것이 없습니다. 두 발로 걸어와 불교공부를 한다고 법당에 모여 앉아 있는 것도, 봄이 되어 새싹이 움트고 꽃이 피고 지는 것도, 가을에 나뭇잎이 떨어지는 것이나 겨울에 내리는 눈발이 다 자기 자리를 찾아 앉는다는 것까지 모두가 그렇습니다.

우리는 이런 필연 속에 살아가면서 뜻하지 않게 악연을 만나 고통의 나날을 보낼 때가 있습니다. 원망하고 피해보지만 그것은 또 다른 악연을 짓는 결과를 낳을 뿐입니다. 그러니 우선 마음을 내려놓고, 어떻게 지혜로운 방법으로 그 연결고리를 풀 수 있을지에 대해 찬찬히 생각해야 합니다.

신문이나 뉴스를 보면 악연에 의한 사건과 사고들이 빈번하게 일어나는 것을 볼 수 있습니다. 패륜, 존속살인, 유괴 등 기가 막히는 일들이 일어나고 있습니다.

누가 언제 어떤 일을 당할지 모릅니다. 내 앞에 나타난 악연은 분명 전생에 나와 인연 관계에 있었던 사람입니다. 그 업력業力은 경향성傾向性이 있어 내 주위를 맴돌다가 과거의 인因으로 인해 지금 악연의 모습으로 드러난 것뿐입니다. 그를 내몰기 위한 원망과 증오는 그를 해치기 전에 먼저 나를 해칩니다. 전생의 일은 기억할 수 없으므로 알 수 없지만, 지금 일어난 악연에 대한 고의적인 해코지는 또 다른 악연을 불러 일으킬 뿐입니다.

고의로 악연을 지어서는 안 됩니다. 왜냐하면 다음 생 자체가 몹시 힘들어지기 때문입니다. 지금 이 생에서 그 악연을 풀지 못하면 그것은 눈덩이가 굴러 커지듯 나중엔 감당이 안 될 수도 있습니다. 그가 나를 괴롭힌다면 분명 내가 그전에 그를 힘들게 한 원인이 있을 것입니다. 이런 묵은 악연의 매듭 고리를 풀기 위해 천도재를 지내는 것입니다.

우리가 선망 조상과 인연 있는 고혼영가를 위해 지장재나 천도재를 지내는 것은 내 도리를 다하기 위한 것이 우선적인 이유지만, 그 이면에는 내가 전생에 지은 악업을 참회하고 어떻게 하면 악연을 더이상 짓지 않을 것인가, 또 악연을 어떻게 선연으로 바꿀 것인가 하는 점도 내포하고 있습니다.

그래서 하는 일에 자꾸 장애가 생기고 일이 잘 안 풀릴 때 천도재를 정성껏 지내게 되면 악연의 연결고리가 풀리면서 어느 순간 내 주변의 어려운 일들이 점차로 나아지게 됩니다. 천도재를 지낸 후 보이지 않는 에너지의 흐름으로 인해 모든 문제들이 순순히 해결되는 것을 현실에서 체험하기 때문에 많은 사람들이 천도재를 지내는 것입니다.

사람의 일에 영가가 개입되어 있음을 빈번이 보게 됩니다. 그들의 관계가 잘 풀려 원만해지면 일도 잘되게 되어 있습니다. 악업과 원한관계가 해소되고 청정한 마음을 회복하여 좋은 곳에 나도록 도왔기 때문입니다. 악은 악을 부르고 선은 선을 부르기 때문에 반드시 관계를 선하게 정리하여 좋은 에너지가 소통되도록 해야 합니다. 천도재를 지내는 데에는 이런 크나큰 의미가 숨어 있습니다.

十方世界 시방세계　唯一眞心 유일진심
全身受用 전신수용　無別依託 무별의탁
又於示現門中 우어시현문중
隨意往生 수의왕생　而無障碍 이무장애

시방세계가 오직 하나의 진심이라서
온 몸으로 수용하고 있으니
따로 의탁할 것이 없고,
또한 나타나고자 하는 곳이면
마음대로 왕생하되
아무런 장애가 없으리.

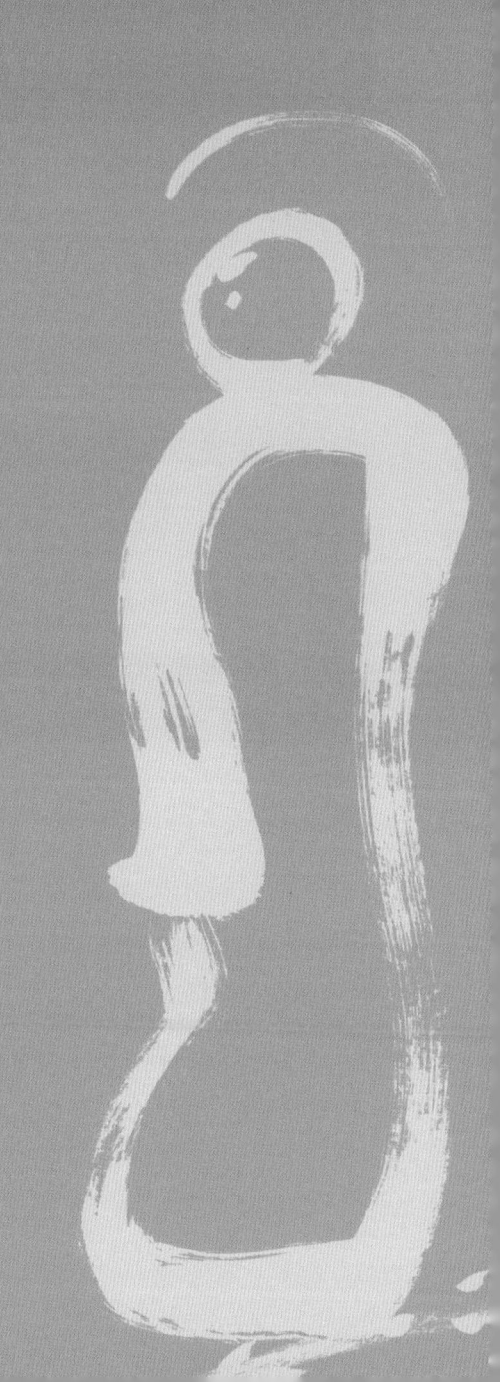

제사가 맞나요, 재가 맞나요?

- "스님, 제사가 맞습니까, 재가 맞습니까?"

"둘 다 맞습니다."

사람으로 생명을 주신 근본에 대한 효의 실천이 제사祭祀이고, 보다 근원적인 문제로 접근해 생사生死를 해결하고자 하는 것은 재齋입니다. 집에서 조상을 기리는 제사와는 달리 '맑히고 닦는다' 는 뜻의 재는 법당에서 삼보에 귀의하여 음식공양은 물론 부처님의 가르침으로 삼업을 정제淨除하고 심신을 닦아 영가로 하여금 새로운 세상의 빛을 보게 하는 일입니다. 그러므로 제사와 달리 불·법·승 삼보三寶에 귀의하여 행하는 재는 큰 의미를 가지며 매우 중요합니다.

불·법·승 삼보三寶! 불佛, 부처님은 곧 자유를 의미합니다. 그리하여 부처님께 귀의하면 모든 번뇌와 장애로부터 벗어나 자유를 얻어 해탈을 이룹니다. 해탈이 곧 대자유입니다.

그리고 법法에 귀의함은 광명, 밝음을 뜻합니다. 부처님의 가르침은 무명을 밝히는 한 줄기 빛과 같습니다. 진리당체眞理當體인 비로자나 부처님을 광명변조光明遍照라 하여 '밝은 빛이 온 세상에 안 비추는 곳이 없다'라고 하듯 바로 우주법계의 진리로 존재하는 부처님의 가르침은 광명 그 자체입니다.

마지막으로 승僧에 귀의함은 화합과 평화를 상징합니다. 승가는 본래 '화합, 공동체, 조합' 등을 뜻하는 말인 산스크리트어 '상가 Sangha'를 한자로 음역한 것입니다. 즉 삼보를 믿으면 자유와 광명과 평화가 내 마음 가운데 찾아오게 됩니다. 그리하여 삼보에 귀의한 영가들은 외롭고 어둡고 질긴 무명업장을 녹여 자유와 광명과 평화를 누리는 새로운 여정旅程에 오르게 되는 것입니다.

제사와 재는 근본적으로 확연한 차이가 있기에 망자들을 대하는 산사람들의 태도 또한 다릅니다. 집에서 지내는 제사는 영가를 집으로 맞이합니다. 집으로 청하여 후손들의 정성어린 마음을 담은 음식들을 예를 다해 대접합니다. 그러나 제사가 '맞이하는 일'이라면, 법당에서 올리는 재는 '보내 드리는 일'입니다. 삼보의 위신력威神力으로 지금 그곳에 머물지 말고 더 좋은 세상에 가기를 기원하는 것입니다.

그러므로 재는 음식공양으로 허기진 배를 채울 뿐더러 부처님의 진실한 말씀을 듣는 법공양으로 마음의 양식을 삼으니 가는 길이 얼마나 밝고 든든하겠습니까.

집에서 지내는 제사든 절에서 지내는 재든 그 모두가 나의 뿌리를 찾는 일이니 게을리 하지 말고 정성을 다해야 합니다. 뿌리가 튼튼해야 가지와 잎이 무성해져 열매가 알알이 맺는다는 것은 만고불변萬古不變의 진리입니다.

실천하는 일만 남았습니다.

靈源湛寂영원담적
無古無今무고무금
妙體圓明묘체원명
何生何死하생하사

마음의 근원은 맑고 고요해
예도 지금도 없으며,
오묘한 묘체는 밝고 둥글어서
나고 죽음도 없도다.

가장 큰 복을 짓는 일

• 　　　복의 사전적 의미는 '삶에서 누리는 좋고 만족할 만한 행운, 또는 거기서 얻는 행복'을 말합니다. 그러므로 누구나 원하는 것입니다.

그런데 그 좋은 것을 어떻게 얻을까요?

씨앗을 심지 않으면 열매가 열릴 수 없듯이 복이 될 씨앗을 심지 않으면 복이 나지 않습니다. 사람은 복이 있어야 합니다. 그러므로 열심히 복을 지어야 합니다. 그런데 복도 심기 나름입니다. 부모를 잘 모시고 조상을 잘 섬기는 일은 복 중에서 가장 근본이 되는 '복 짓기'입니다.

우리는 고려장高麗葬에 대한 이야기를 익히 들어 잘 알고 있습니다. 그러나 그것은 왜곡된 사실로 늙고 병든 부모를 산 채로 내다 버리는 고려장이 고려시대의 장례문화였다는 것은 1926년 이후의 이야기로 그 이전의 역사적 문헌에는 등장하지 않는다고 합니다. 그것은 일제 때 일본인들이 우리네 무덤을 도굴하기 위해 날조해 퍼뜨린 유언비어임이 증명된 바 있습니다.

그리고 또 하나는 오히려 효孝를 강조하기 위해 중국「효자전孝子

傳」의 '원곡 이야기'와 불교경전인 『잡보장경雜寶藏經』의 '기로국연조'의 설화 등 다른 나라의 이야기를 교훈으로 삼은 것이 마치 실제 우리나라에서 행해지던 것처럼 잘못 전승된 것입니다.

「효자전」의 원곡 이야기는 늙은 아버지를 산 채로 지게에 실어 내다 버리자 그의 어린 아들이 후일 다시 쓰겠다며 버린 지게를 가져오는 것에서 자신의 불효를 깨우쳤다는 이야기이고, 인도의 『잡보장경』의 기로국연조의 설화는 또 다른 재미를 담아냅니다.

노인이 되면 무조건 내다버리는 풍습을 가진 기로국에 한 대신이 있었는데, 평소 효심이 깊었던 그는 늙으신 아버지를 지하실에 몰래 숨겨놓은 채 모시고 살았습니다.

그러던 어느 날 호시탐탐 침략할 기회만 넘보던 이웃 강대국이 문제를 내주며 그것을 다 맞추면 공격하지 않겠다고 제안했습니다.

첫 번째 문제는 네모 반듯한 나무토막의 뿌리가 어느 쪽인가, 두 번째는 똑같이 생긴 말 두 마리 중 어미와 새끼를 구별하라, 세 번째는 두 마리의 뱀의 암수를 구별하라는 것이었습니다.

나라를 잃을 위기에 처한 임금과 신하들은 전전긍긍 이 문제를 풀려고 노력하였지만 답을 찾지 못하였습니다. 마침 고민을 하던 효심 깊은 대신이 늙은 아버지에게 그 이야기를 하게 되었습니다. 늙은 아버지가 차분하게 말했습니다.

"나무토막은 물에 넣었을 때 밑으로 가라앉는 쪽이 뿌리이고, 말은 먹이를 주었을 때 먼저 먹으려고 덤비는 놈이 새끼이며, 고운 모래 위에 뱀을 올려놓았을 때 흔적을 내고 가는 놈이 수놈이다."

이렇게 지혜로운 답으로 백척간두에 서 있던 나라의 운명을 건진 대신의 공덕을 임금님이 치하하니 대신은 무릎을 꿇고 사실대로 말하였습니다.

"제가 올린 답은 사실 저의 머리에서 나온 것이 아닙니다. 국법을 어기는 줄 알면서도 늙으신 아버지를 버릴 수 없어 지하에 숨겨 모셨는데, 바로 저의 아버님이 일러 주신 것입니다. 부디 제가 지은 죄값은 받겠으나 아버님 봉양을 허락해 주십시오."

왕은 여기서 크게 깨달은 바가 있어 그 신하에게는 큰 상을 내리고 그러한 장례 풍습도 폐지하였습니다.

부모를 잘 모셔서 복을 받게 된 이야기 중 하나입니다. 이처럼 조상과 부모를 잘 섬기는 일은 결코 헛된 일이 아닙니다.

흔히들 우리는 '중생을 제도한다' 고 합니다. 자신의 근본이 되는 선망 부모도 제도하지 못하면서 누구를 제도한단 말입니까!

보살들이 '계戒를 잘 지켜야 한다' 하면서도 중생을 제도하겠다는 마음을 아예 저버리는 것, 그것이야말로 가장 크게 계를 파하는 일입니다. 그러므로 선망 부모 조상이 어떻게 되든 전혀 개의치 않고 천도하려는 마음조차 전혀 없는 것은 후손의 도리를 못하는 일이고, 나아가 보살로서 계를 파하는 일이 됩니다.
마음 깊이 각인해 두어야 할 것입니다.

제도濟度 중에 가장 큰 제도가 조상 제도이며 그것이 천도입니다. 효도 중에 가장 큰 효도가 조상을 잘 천도하는 것입니다.

천도는 좋은 일입니다. 좋은 일을 선善이라 합니다. 선을 선이라 하면 선이 아니고, 선을 선이 아니라 하면 더욱 틀린 말입니다.

'선을 선이라 하면 선이 아니다' 라는 말은 너무나 당연하기 때문에 당연한 일을 해놓고 착한 일 했다고 하면 이상한 노릇이기에 그렇습니다. 남에게 내세워 보이기 위해서 하는 선행은 참다운 선행이 아닙니다. 지장재일에 와서 천도하는 일은 당연한 일입니다.

그렇다고 선을 선이 아니라 하면 더욱 틀린 말입니다. 조상 천도의식은 다름아닌 바르게 살려는 착한 마음의 발로發露이기 때문입니다.

선망 부모를 챙기는 일, 즉 천도하는 것은 무엇보다도 가장 큰 숙제입니다. 그들은 나의 뿌리입니다. 우리는 우리 자신이 왜 여기 있는가, 선망 부모 없이 내가 어떻게 여기 있을 수 있겠는가를 생각해 보아야 합니다. 그리고 우리의 목숨이 붙어 있는 동안, 이 생이 끝나는 날까지 맞이하는 백중에 후손된 당연한 도리인 선망 부모 조상 천도하는 일을 잊지 말아야 합니다.

불자라면 윤회, 전생과 내생, 그리고 선연善緣과 선행 등의 이야기들이 일상 속에 녹아 배어나오는 것은 너무나 자연스럽고 당연한 일입니다.

그러므로 그러한 도리가 다 들어 있는 지장재일을 일상생활처럼 챙겨 절에 오는 것은 너무나 당연한 일이 되는 것입니다. 재를 지낼 때 조상영가의 구제를 명분으로 내세우지만 사실은 나부터 구제되는 일입니다. 이것이 법문에서 늘 강조되는 자리리타의 이치입니다.

지장재일에 선망 조상 챙기는 일의 공덕, 반드시 있습니다.

一從違背本心王 일종위배본심왕
幾入三途歷四生 기입삼도력사생
今日滌除煩惱染 금일척제번뇌염
隨緣依舊自還鄉 수연의구자환향

스스로 마음의 왕을 등진 날로부터
삼도 사생 헤맨 지 그 몇 번이던고.
오늘에야 번뇌의 때 모두 씻으니
인연 따라서 옛 고향으로 돌아갈지라.

바보가 되라

• 가끔 사람들 보고 바보처럼 살라 하면 정색을 하고 말합니다.

"스님, 정신을 똑바로 차리고 살아도 다 못 따라가는데 바보처럼 살다가 이 험한 세상에서 어떻게 살아남으라구요!"

일반적으로 좀 모자라거나 어리석어서 정상적으로 판단하지 못하는 사람을 '바보'라 합니다.

오늘을 사는 대부분의 사람들이 단지 손에 잡히고 눈에 보이는 돈, 명예, 권력 등을 좇고 열망하고 기대하며 헐떡거리고 있을 때, 오로지 그것을 추구하지도 않고 그것을 위해 계산하지도 않으며 그것을 좇지 않는, 어찌보면 시대에 역행하고 있는 사람들이 있으니 바로 그들을 빗대어 바보라 하기도 합니다.

그렇게 보면 부처님만한 바보도 없습니다.

세상의 모든 것을 다 누릴 수 있는 카필라 왕국의 왕자로서 부귀영화를 다 벗어 던지고 출가를 택했으니 세속의 잣대로 보면 바보임에 틀림없습니다. 세상 사람들은 자신은 바보가 되는 것을 싫어하면서 한편으로는 바보를 존경하며 살아갑니다. 참으로 아이러니 합니다.

　부처님은 바보를 선택하였지만 결과적으로 무량한 복전福田을 이루셨습니다. 언뜻 보기에 좀 둔하고 미련하고 어리석어 손해를 보는 짓을 하는 것 같지만, 너무 약삭빠르지도 않고 예리하고 날카롭지 않은 점이 오히려 복을 불러일으킵니다.

"潛行密用잠행밀용 如愚如魯여우여로 몰래 행하고 은밀히 사용하는 것이 마치 어리석고 둔한 자의 행동 같다."

　당나라 동산洞山 선사가 지은 『보경삼매寶鏡三昧』에 나온 말로 어떤 일을 할 때 명성이나 이득을 위해서가 아니라 그저 조용히 행하여 바보같이 살라고 가르치고 있습니다. 이것저것 생각하여 따지지 않고 은근히 우직하게 실천하는 지혜를 말합니다.
　가만히 생각해보면 바로 조상을 섬기는 일이 그런 일입니다.
　당장에 이득이 없다고 '조상 섬기는 일'을 등한시하거나 하찮게 여겨서는 안 됩니다.
　현실적으로 수저 한 벌 물려받은 적이 없는 조상이나, 유산도 한 푼 남겨주지 않은 부모님의 위패를 모시고 재를 지내는 일이 금전적 손해라는 생각이 들어 그분들을 푸대접한다면 그건 만물의 영장으로서 가장 큰 도리를 외면하는 것입니다. 물려받은 것이 없어도 섭섭해할 것이 없습니다. 그들은 우리에게 가장 귀중한 생명의 근본을 물려주신 분들이기 때문입니다.

조상 모시는 일이 설령 아무런 이득이 없다고 하더라고 후손된 도리로 꼭 해야 할 일입니다.

예부터 도교道敎에서는 양陽보다 음陰이 더 중요하다고 했습니다. 양의 속성이란 밝고 떠오르고 드러나 있어서 보이게 되는 존재성을 말하는 반면, 음의 속성이란 어둡고 침잠되고 숨겨져 있어 드러나지 않은 은밀성을 말합니다.

조상이 주는 복덕을 음덕陰德이라 하는 것도 보이지 않게 은밀히 작용하기 때문입니다.

어떤 남자가 먼저 죽은 아내의 재를 지내려 하는데 초가 없자 초를 찾으며 말했습니다.

"여보, 어서 초 가져와야지."

무엇이든 필요한 것을 말만 하면 코앞에 가져다주던 아내가 죽은 후에야 자기도 모르는 사이에 아내로부터 많은 은혜를 받았다는 것을 알았다는 이야기입니다.

있는 듯 없는 듯, 알게 모르게 미치는 힘이 더 크고 무서운 것입니다.

조상을 모시고 천도를 해드리는 일은 내가 해야 할 일을 조용히 그리고 묵묵히 하는 것뿐입니다. 이것이 복되는 일입니다.

복은 둥글고 원만하여 뾰족하고 날카로운 것을 싫어한다 합니다. 자기 것만 챙기고 온갖 이익을 다 따지는 사람은 복이 붙어 있을 구석이 없습니다. 둥글둥글 원만하고 약간은 모자란 듯 우직하게 바보처럼 사는 것이 잘사는 지혜입니다.

若人欲了知 약인욕요지　三世一切佛 삼세일체불
應觀法界性 응관법계성
一切唯心造 일체유심조

삼세 부처님의 가르침을 알고자 한다면,
응당 법계의 성품을 관할지니
일체가 오직 마음으로 지어졌다.

조상의 음덕은 구름에 가린 태양에 얼굴이 그을리는 것과 같은 것

• 매년 있는 감포도량에서의 신입생 MT법회는 야외법회이기 때문에 그 즈음이 되면 날씨에 관심을 기울이게 됩니다.

어느 해인가 새벽까지만 해도 바람이 불고 억수같이 쏟아지던 비가 아침이 되자 그치면서 희한하게도 날씨가 개이고 오히려 구름이 적당한 그늘막이가 되어 법회하기에 알맞은 날씨가 되었습니다. 그런데 법회가 다 끝나고 돌아가는 길에 한 신도님이 말을 건넸습니다.

"스님, 오늘 얼굴이 많이 타셨네요."

선크림을 못 발라서 그렇다고 대답하고 거울을 보니 정말 얼굴이 붉게 그을려 있었습니다. 구름이 잔뜩 끼어 그다지 볕이 없는 날씨였음에도 불구하고 자외선의 영향을 알게 모르게 받은 겁니다.

우리가 조상을 기리고 천도하는 것도 바로 그와 같은 이치에서 비롯된 것입니다. 강한 빛이 피부에 직접 느껴지지는 않지만 그늘 속에서도 은연중에 얼굴이 타는 것처럼 조상의 덕도 우리에게 그렇게 미치고 있습니다. 그것을 바로 '그늘 음陰', '덕 덕德', 음덕이라고 합니다.

눈에 보이지 않아도 조상의 음덕이 나를 둘러싸고 있음을 알아야 합니다.

어떤 부부가 제사를 지내기가 싫어 개종하여 교회에 다니기 시작했습니다. 그리고 얼마 있지 않아 부모님 기일이 되었습니다. 부모님 제사는 물론 윗대부터 모셔온 제사를 안 지내게 되니 마음이 편치 않았던 부부는 술을 많이 마시고 늦은 시각에 집으로 돌아왔습니다. 양심은 있었던 터라 자신이 들어와서 제사를 없애버렸다는 생각에 마음이 좋지 않았던 부인은 남편보다 술을 더 많이 마셔 몸을 가눌 수가 없었습니다.

그런데 하필 그날 엘리베이터가 고장이 나 있었습니다. 그 부부가 사는 집은 33층, 항상 전망이 좋다며 자랑했는데 그날처럼 후회되는 날은 없었습니다.

할수없이 남편은 부인을 부축해서 땀을 콩죽같이 쏟으며 33층까지 걸어 올라가면서 왠지 제사를 지내지 않은 것에 마음이 쓰였습니다. 그런데 그렇게 힘들여 33층까지 올라가 현관문에 도착하니 현관문 열쇠를 차 안에 두고 온 것이 생각나는 것이었습니다. 그래서 더운 나머지 윗옷을 벗어 쭈그리고 앉아 있는 부인에게 맡겨두고 다시 걸어 내려가 차문을 열려다 문득 생각해보니 자동차 열쇠를 윗옷 주머니에 넣어둔 것을 알았습니다. 그제서야 남자는 그 자리에 무릎을 꿇고 울면서 말했습니다.

"아버지 어머니, 잘못했습니다. 이제부터는 제사를 잘 모시겠습니다."

아파트 33층을 몇 차례 오르락내리락하는 동안 조상이 자신에게 무엇을 가르쳐주려 하는지를 깨달았다는 것입니다.

그래서 문을 열고 집에 들어가자마자 급한 나머지 우선 찬물 한 잔을 떠 놓고 마음을 다하여 부모님 제사를 지내고 종교도 다시 불교로 바꿨다고 합니다.

이 이야기는 세상을 잘 살기 위해 조상만 잘 섬긴다고 될 문제는 아니지만 조상 잘 섬기는 일은 세상을 잘 살 수 있는 요소가 될 수 있다는 사실을 암시합니다. 즉, 조상 잘 모시는 일은 세상을 잘 살게 하는 필요조건이 됩니다. 충분하지는 않지만 행복을 일구는 한 요소임에는 틀림없습니다.

부처님이 마가다국의 수도 왕사성에 있는 기사굴산(영축산)에 계실 때입니다.

그때 마가다국의 아사세왕은 밧지국을 정벌할 궁리를 하던 중 대신을 시켜 부처님께 계획을 말씀드리고 가르침을 받아오라고 시켰습니다. 원래 데바닷다의 꼬임에 빠져 아버지 빔비사라를 죽이고 왕이 된 아사세는 그 후 잘못을 크게 뉘우치고 그때부터 부처님께 귀의하여 불법을 신봉하고 있었습니다.

아사세의 명령을 받고 간 대신은 부처님께 문안 인사를 여쭙고 왕의 고민을 이야기하며 가르침을 청하였으나, 부처님은 대답 대신 아난에게 물으셨습니다.

"밧지국 사람들은 자주 모여서 바른 일에 대해 의논하는가? 임금과 신하가 공명정대하고 아랫사람은 윗사람을 공경하는가? 예의를 존중하는가? 부모를 효도로 섬기고 어른을 존경하는가? 돌아가신 조상을 잘 섬기고 유업遺業 잇기에 노력하고 있는가? 도덕적이고 음란하지 않은가? 사문과 바라문을 공경하고 계율을 지키며 바르게 생활하는 데 게으르지 않은가?"

이에 아난은 '예, 그렇게 들었습니다' 라고 대답했습니다.

"아난다야! 이 가운데 국민들이 한 가지만 잘 지켜도 나라는 망하지 않는다. 그런데 밧지국의 사람들이 이 일곱 가지를 다 지킨다니 어떤 나라가 침략을 하더라도 절대 망하지 않을 것이다."

대신은 이 대화를 듣고 아사세왕에게 그대로 전했고 왕은 전쟁을 포기한 뒤 큰 가르침을 받아 널리 폈습니다.

이것이 『장아함長阿含 유행경遊行經』에 나오는 칠불쇠법七不衰法, 즉 절대 쇠망하지 않는 일곱 가지 법으로 국가 위기관리에 관한 부처님의 가르침입니다.

경전을 통해 조상을 잘 섬기면 절대 망하지 않고 잘 살 것이라고 부처님께서 분명히 말씀하셨습니다. 우리는 과연 조상을 잘 섬기려고 애쓰고 있는지, 잘하고 있는지를 생각해 보아야 합니다.

살면서 어려움을 만나게 되면 나의 잘못된 행동부터 성찰해 보며 또한 내가 조상을 제대로 모셨는가를 한 번쯤 생각해 보아야 합니다. 조상의 덕은 보이지 않는 힘으로 작용하기 때문입니다.

부처님 법을 만났을 때 우리가 할 수 있는 특권 중의 하나가 바로 영가를 천도하는 일입니다. 영가라 할지라도 자신을 구제해 주는 존재의 은혜는 절대로 잊지 않습니다.

이 말을 뒤집어 생각해 보면, 일이 잘되게 하려면 조상을 잘 모셔야 한다는 말이기도 합니다. 그러므로 우리가 큰 일을 앞두고 천도재를 특별히 지내기도 하고, 지장재일을 잊지 않고 기도를 올리고, 해마다 백중이 돌아오면 백중 천도재를 잘 지내는 것이, 장애 없이 무난하게 잘 살아가는 필요조건이 되는 것입니다. 물론 이것은 천도재를 지냄으로써 부수적으로 따라오는 좋은 결과에 기인한 것입니다. 참된 천도의 원리도 모른 채 '누가 하니 좋다더라' 라는 말만 믿고 맹목적으로 지내는 천도재는 또다른 업만 보탤 뿐입니다.

어떤 기도든 정성이 문제입니다. 진심으로 참회와 감사가 녹아 들어 있는 기도만이 확실히 성취될 수 있습니다.

生從何處來 생종하처래
死向何處去 사향하처거
生也一片浮雲起 생야일편부운기
死也一片浮雲滅 사야일편부운멸
浮雲自體本無實 부운자체본무실
生死去來亦如然 생사거래역여연
獨有一物常獨露 독유일물상독로
湛然不隨於生死 담연불수어생사

태어남이란 온 곳이 어디며
죽음이란 가는 곳이 어딘가!
태어남이란 한 조각 구름이 일어남이요
죽음이란 한 조각 구름이 흩어지는 것이니
뜬구름 자체는 본래 실체가 없고
나고 죽는 인생사도 그와 같도다.
그러나 한 물건 오롯이 남아
태어나고 죽음에 걸림 없더라.

업장業障은 영원한 굴레인가

지장보살의 위신력은 수만 겁을 설명한들 끝이 있으랴. 잠깐 보고 듣고 절하더라도 인간 천상 이익됨이 한량없도다.

- 부처님은 이 사바세계의 중생들의 고통을 애민哀愍히 여기시고 고해중생을 제도하시기 위해 화신으로 나투셨습니다. 그와 같은 마음으로 지옥 속에 뛰어들어 고통 받는 중생을 마지막 한 사람까지 구해내고 인도하여 극락세계로 이끌겠다는 서원으로 성불마저도 뒤로 미룬 원력보살이 있었으니 그 분이 바로 지장보살입니다.

지장보살은 고통의 현장, 바로 그 곳에서 고통 받는 중생들과 함께 계시며 사후세계의 주존主尊으로, 지옥중생의 구제자로, 망자를 위한 천도의 길잡이로 다양하게 불리고 있습니다.

지장재일 조상천도를 하는 이유도 바로 이 때문입니다. 우리도 또한 지장보살님의 수승한 원력에 힘입어 지장보살님처럼 일체 영가들을 천도하는 선업에 동참하는 것입니다.

 언제나 고통 받는 중생들과 함께 하겠다는 동체대비同體大悲의 마음을 극명하게 보여주는 지장보살은 지옥, 아귀, 축생, 아수라, 사람, 하늘, 육도六道를 끝없이 방황하는 육도에 각각의 다른 모습으로 나투십니다. 그 지장보살의 화신을 육지장六地藏이라 하는데, '육지장사'라는 사찰명도 여기서 나오게 된 것입니다. 각각의 육지장 명호를 살펴보면 지옥세계에서는 대정지大定智 지장보살, 아귀세계에서는 대덕청정大德淸淨 지장보살, 축생계에서는 대광명大光明 지장보살, 아수라계에서는 청정무구淸淨無垢 지장보살, 인간계에서는 대청정大淸淨 지장보살, 그리고 마지막으로 천상계 중생들을 위해 나타나실 때는 대견고大堅固 지장보살이라 합니다.

 중생제도의 서원이 담긴 이러한 명호는 자비심의 표상이며 중생교화를 위한 대원大願의 의지입니다. 그렇기에 지장보살은 뭇 중생들에게 다겁생에 쌓인 무명업장을 소멸하는 자비의 약방문을 내립니다.

"견고한 정진과 서원의 힘으로 말미암아 업의 사슬을 끊을 수 있으며, 모든 악업을 참괴하고 참회하는 자는 전생에서 지은 일체의 악업을 모두 소멸하게 되어 남음이 없게 된다."
『대승대집지장십륜경大乘大集地藏十輪經』

머리에 화려한 보관도 쓰지 않고 비장한 각오를 한 듯 머리에 두건을 두르거나 삭발한 채 지옥문을 부수는 의미의 석장(육환장)과 어둠을 여의케 하는 여의주를 들고 소박한 수행자의 모습으로 법당에서 친근하게 친견할 수 있는 지장보살은 우리의 업장소멸을 약속해주십니다. 단 진정한 참회와 정진이 있을 때입니다.

불법의 자업자득이라는 인과법은 분명하나 여기에 지장보살의 원력에 힘입어 '스스로 진정한 참회와 정진'이 하나의 연緣의 조건이 되었을 때 업장소멸이라는 과果로 나타나는 것입니다.

참으로 몽매蒙昧한 우리들에게 살길을 터주시는 대원본존大願本尊 지장보살님입니다.

"내 업장이 두터워서…, 내가 전생에 무슨 죄를 지었기에 이런 고생을 하나……"

남 탓 안하고 그것이 내 탓이라는 사실을 아는 것만으로도 다행입니다. 지금이 힘들다 하여 업장만 타령하며 주저앉을 일이 아닙니다. 업장은 소멸됩니다.

『금강경』제16분, '능히 업장을 깨끗이 한다'는 능정업장能淨業障 또한 업의 소멸에 대해 말하고 있지 않습니까.

정해진 운명은 없습니다.

운명은 '운전할 운, 옮길 운運'에 '목숨 명命'의 한자를 씁니다. 본래는 '주어진 명대로 움직이는 것'이라는 뜻이지만 불법을 공부한 불자라면 '명은 내 맘대로 움직일 수 있는 것'이라는 적극적 해

석을 하는데 조금도 주저하지 않을 것입니다.

  부처님의 가르침을 믿고 실천하는 수행이 뒷받침 될 때 가피력에 힘입어 우리의 업이 녹아내리고 업장소멸이 되는 것입니다. 그때 우리의 운명은 변화를 맞는데 우리의 수행노력의 여하가 가장 큰 변수로 작용함을 알아야 합니다.

  한 달에 한 번 있는 지장재일을 무시하지 말고 부지런히 그리고 꾸준히 챙기다 보면 지장보살님의 큰 위신력의 이익됨이 한량없음을 느낄 수 있을 것입니다.

> 淨三業者 정삼업자　無越乎澄心 무월호징심
> 潔萬物者 결만물자　莫過乎淸水 막과호청수
>
> 삼업을 맑힘에는 마음 맑힘이 으뜸이요,
> 만물을 맑힘에는 맑은 물이 으뜸이라.

업력業力을 원력願力으로

• 　　요즘 세상 사람들은 참으로 모두가 아주 바쁘게 살아갑니다. 눈도 바쁘고, 귀도 바쁘고, 코도 바쁘고, 입도 바쁘고, 다리도 바쁘고, 생각도 바쁘게 돌아갑니다. 바쁘게 살아간다는 것은 현대를 살아가는데 필수 조건인지도 모르겠지만 가만히 들여다 보면 바쁜 데도 차원이 있습니다.

중생범부는 업력으로 바쁘지만 보살님은 원력 때문에 바쁘십니다!

우리가 알고 있는 『지장경地藏經』의 원제는 『지장보살본원경地藏菩薩本願經』으로서, 지장보살의 큰 원력願力이자 본원本願을 밝히고 있는 지장신앙의 기본 경전입니다.

흔히 『지장경』 하면 영가천도와 관련하여 이해하지만 그것만이 아닙니다. 이 경전은 중생들이 지은 업보에 따라 과보를 받는다는 자업자득自業自得의 인과법因果法과 거기에 따른 지옥의 고통을 여실히 보여줍니다. 그리하여 보살행의 선행善行을 권장하여, 지장보살님의 위신력에만 의지하지 않고 스스로 선업을 닦도록 하는 실천행에 주안점을 맞추고 있습니다.

모두 13품으로 되어 있는데 그중 제 5품인 「지옥명호품地獄名號品」에서는 악업의 과보로 받게 되는 지옥의 이름들과 그 지옥의 고통을 설명하여 중생들에게 죄를 짓지 않을 것을 강조하고 있습니다.

"업력業力이란 매우 커서 능히 수미산에 대적할 만하며, 큰 바다보다 깊어서 능히 성스러운 도를 장애합니다. 이러한 까닭으로 중생들은 작은 악이라고 하여 가볍게 여겨 죄가 없다고 하지 말지니, 사람이 죽은 뒤의 그 갚음은 털끝만한 것도 다 받게 됩니다. 내가 지금 부처님의 위신력을 받들어 지옥에서 있는 죄의 과보에 대한 일을 말하겠으니 원컨대 어진 이께서는 이 말을 잠깐 들으소서."

청정한 마음자리에서 보면 큰 악이나 작은 악이나 죄업을 지어 쌓는 것은 마찬가지입니다. 작은 악이 차츰 큰 악으로 변해 가서 나중에는 그 무거운 과보를 감당할 수 없게 되니 애초에 악행을 멀리하고 선행을 생활화해야 합니다.

선업선과善業善果, 악업악과惡業惡果입니다.

업은 절대로 행위 자체가 단독적으로 존재하지 않습니다. 현재의 행위는 그 이전 행위의 결과이고, 그것은 또 미래의 행위에 대한 원인으로 작용하면서 인과법과 윤회의 기본 원리를 제공합니다. 거기에는 연쇄적으로 지속되는 초월적인 힘의 작용이 있는데 그것을 업력이라 합니다.

중생은 그 업력에 이끌려 다니다가 다음 생이 결정되지만, 도인道人들은 원력願力에 따라 스스로 다음 생을 결정합니다.

'결정되는 것'과 '결정하는 것'의 차이는 엄청납니다. 임제 의현 스님의 말씀처럼 스스로 삶의 주인공이 되어 살아가야 합니다. 말처럼 쉬운 일은 아니나 업력을 원력으로 바꾸는 삶의 전환은 최고의 인생 역전을 연출하게 됩니다.

그것은 무엇으로 가능하게 될까요? 기도입니다.

기도란 전생에 지은 죄업의 모든 인연에게 용서를 구하고 깊이 참회하여 은혜를 갚기 위해 감사의 마음을 담아 좋은 일을 하고자 하는 노력입니다. 그때 제불보살님의 가피력으로 액난을 이겨내고 소원을 성취하게 되는 것입니다. 기도의 요체는 지극정성, 간절한 마음입니다. 그랬을 때 업장이 녹아 내린다는 말을 합니다. 심력心力이 생기고 원력願力을 세운 까닭이지요.

작가 코엘료의 「연금술사」를 보면 '자네가 무엇인가를 간절히 원하면 우주만물이 그것을 실현하도록 도와준다네'라는 구절이 있습니다. 기도원력의 다른 말일 뿐입니다. 기도의 힘, 분명 있습니다.

1831년 추운 겨울날, 강원도 철원군에 있는 보개산 석대암에 한 무리의 손님들이 찾아왔습니다. 나병에 걸린 거지들이 떠돌아다니다가 구걸하기 위해 온 것입니다.

석대암의 주지인 대연 스님은 심지가 굳고 평소에도 몸소 보살행을 실천하는 분인지라 그들을 괄시하지 않고 한 끼 음식을 잘 대접했습니다. 그런데 그들 중 몸이 아파 떨고 있는 한 어린아이가 유독 눈에 띄었습니다. 고작 열 살 정도 돼 보이는 아이가 몹쓸 병을 안고 떠돌이 생활을 해야 하는 것이 안쓰러워 그냥 보낼 수가 없었던 스님이 물었습니다.

"여기서 살고 싶지 않느냐?"

"네……."

그러자 스님은 아이와 함께 온 거지에게 물었습니다.

"이 아이가 엄동설한에 이렇게 다니자면 얼마나 힘이 들겠소. 겨울 한 철 내가 이 아이를 돌보아 줄 테니 여기 두고 가시오."

"스님, 그리 해주시면 저희가 오히려 감사하지요. 저희들도 이 병든 아이를 데리고 다니자니 무척 힘이 들어 걱정하던 참이었습니다."

거지 무리들이 떠난 후 스님은 아이에게 이것저것 물어보았습니다.

"부모님은 살아 계시느냐?"

"돌아가셨습니다. 부모님께서 돌아가시고 큰누님 댁에 살았는데 이런 몹쓸 병에 걸려서 그만 쫓겨나 여기저기 떠돌아다니게 되었습니다."

"이름은?"

"정영기입니다."

"고향이 어딘고?"

"전라도 고흥입니다."

"네 병을 꼭 고치고 싶으냐?"

"예, 스님! 무슨 일을 해서라도 이 병의 고통에서 벗어나고 싶습니다. 눈썹도 빠지고 몸에서는 진물이 나 잠도 제대로 잘 수가 없습니다. 그러니 제 병만 고쳐주신다면 스님께서 하라시는 대로 무엇이든지 하겠습니다."

대연 스님은 잠시 후 진중히 말했습니다.

"네 병은 업병이기에 지장재일에 정성을 들여 열심히 기도하고, 내가 시키는 대로 성심誠心을 다한다면 나을 수도 있다. 대신 지장재일이 4번 지나는 동안 일심정성으로 열심히 해야 한다. 해보겠느냐?"

"네, 스님께서 말씀하신 대로 하겠습니다."

지장재일을 4번 지난다는 것은 100일 기도를 뜻하는 것이었습니다.

그런데 이 어린아이의 마음속에 병마를 이기려는 의지가 얼마나 강했던지 밤낮을 가리지 않고 눈만 뜨면 열심히 지장보살을 외우고, 금강경을 읽으면서 오로지 병을 낫게 해달라고 부처님 전에 애원하며 기도를 했습니다. 그렇게 지장재일이 2번 지날 무렵, 꿈에 어느 노스님이 나타나 아이의 머리를 쓰다듬어 주시며 말했습니다.

"불쌍한 것, 전생 죄업으로 조실부모早失父母하고 피고름을 흘리는 고통을 받다니……. 네가 그렇게 나를 찾으니 마음을 안 쓸 수가 없구나."

그러고는 부드러운 손길로 아이의 온몸을 만져주었습니다.

"네가 부처님과의 인연이 참으로 깊구나. 네 병은 곧 나을 것이니 그 후에 이곳에서 열심히 공부하면 고승이 될 것이다. 그리하겠느냐?"

"네, 스님! 제가 병만 나으면 곧바로 스님이 되겠습니다."

이 꿈을 꾸고 난 후 며칠이 지나자 병이 조금씩 차도를 보이기 시작하여 진물이 멈추고 새살이 돋아났습니다. 눈썹도 새로이 나고 시커멓던 얼굴에 혈색이 돌며 완전히 나은 기색이 역력했습니다.

기도를 통하여 지장보살의 가피를 입은 아이는 꿈속에서 노스님과 약속한대로 주지 스님께 부탁하여 머리를 깎고 '남호南湖'라는 법명을 받아 스님이 되었습니다.

남호 스님은 은혜를 갚는다는 마음으로 열심히 불법을 닦고 계율을 철저히 지켰습니다. 그리고 사경에 주력하여 『법화경』, 『금강경』, 『아미타경阿彌陀經』 등을 목각판으로 남겨 놓았으며 8권이나 되는 『화엄경華嚴經』도 판각하여 서울 강남에 있는 봉은사에 봉안하였습니다.

그 후로도 방대한 『팔만대장경』을 2질이나 복사하여 월정사와 오세암에 모셨다는 기록이 있습니다. '동방의 율사'로 이름 높았던 남호 스님은 또한 대문장가로서 서예에도 조예가 깊었으며 그 시대에 자비의 빛을 뿌린 고승으로 이름을 날렸습니다.

지장기도와 인연해서 업병도 고치고 운명까지 바꾸게 된 남호 스님의 이야기는 우리에게 시사하는 바가 큽니다. 신비스러운 얘기로만 흘려 넘기지 말고 그 속에 깃든 본질을 깨닫는다면 우리 자신에게도 그런 영험은 일어날 수가 있는 것입니다.

치열하리만큼 정성이 담긴 기도는 온 법계를 움직여 자신의 한계를 극복하는 삶의 오묘한 진리를 담고 있습니다. 세상을 살아가며 맞닥뜨리는 불행을 잘 살펴보면 이미 그 속에 행복을 잉태하고 있습니다. 그 보물은 자신만이 꺼낼 수 있다는 사실을 명심해야겠습니다.

幻來從幻去 환래종환거
來去幻中人 내거환중인

幻中非幻者 환중비환자
是我本來身 시아본래신

환생하여 왔다가 환생 좇아가니
오고가는 환생 속 사람이건만
환생 속에서 환생하지 않는 것이 있으니
이것이 나의 본래 몸이라네.

업장業障을 녹이세요, 업業의 불길을 끄세요!

부처님 세계는
중생 각자의 근기에 따라
다르게 인식되고
새롭게 창조되는 것이지
'여기에서부터 부처님 세계',
'이것이 부처님 세계'라고
정해진 것은 아닙니다.
기도 정진하면 할수록 새로운 깨달음,
새로운 부처님 가피가
끊임없이 오는 것입니다.

● 　　　　우리는 살아가는 동안 생각하고 움직이고 말하기를 그치지 않습니다. 삶 자체가 그런 것들로 이루어져 있습니다. 내가 하는 일거수 일투족이 다 나의 업으로 쌓입니다. 그러므로 오염된 땅에서도 더러움을 걸러내고 아름다운 꽃을 피워내는 연꽃처럼 우리는 죄악을 멀리하고 자비로운 선행을 힘써 생활화해야만 되는 것입니다.

業力難思議업력난사의, 업의 힘은 미묘한 것이며 쉽게 알 수 없어 생각으로 헤아리기 어렵다는 말입니다. 자기 업을 자기 스스로 볼 줄 아는, 그런 눈 밝은 사람은 흔치 않습니다.

업業은 습기習氣가 있어 계속 지속하려는 관성慣性 때문에 나도 모르는 사이에 쌓여만 갑니다. 절대 그냥 소멸하는 일은 없고 그에 비례하고 상응하는 과보만이 기다릴 뿐입니다. 그래서 평소 느낄 수 없고 보이지 않는 힘으로 작용하다가 시절인연時節因緣이 되면 불쑥 나타나는 것입니다. 그것은 언제 어떻게 나타날지 자기 자신도 모릅니다.

우리는 과연 어떻게 살고 있는지요? 하는 일에 장애가 생기고, 하는 일마다 잘 안 되고, 시름시름 앓게 되니 자기 팔자만 탓하고 있습니다. 불운이 닥치면 그때그때 피하려고만 합니다. 자기 자신의 숙세에 지은 한량없는 업은 아예 생각조차 나지 않아 계산에 넣지 않은 겁니다.

자식이 힘들게 사는 모습을 보면서 '왜 저렇게 밖에 안 될까' 라는 생각이 들 때가 있을 것입니다. 그것도 다 그의 업業 때문이기도 하지만 지중한 인연관계인 부모와의 연결고리를 생각하지 않을 수 없습니다. 바로 내 안의 업이 투영된 것이지요. 그러므로 부모로서 자식이 하는 일이 잘 되도록 자식의 업장을 덜어주는 기도를 하는 것은 당연한 일이자 곧 나의 업장을 맑히는 일이기도 합니다.

다시 말하면, 진정한 나의 참회기도는 전생업연으로 만난 자식의 앞날을 밝히는 일이기에 자식의 업을 맑히는 기도를 더욱더 열심히 해야 한다는 것입니다.

후손된 도리로 돌아가신 선망 부모나 인연 있는 영가들에 대한 기도를 해야 하는 이유 또한 자식을 위한 기도와 마찬가지입니다. 조상의 유전인자를 물려받은 나는 과거 조상들의 삶의 연장에 있는 존재입니다. 나는 죽은 조상들의 미래이자 후생이며, 조상님들은 나의 과거이자 전생이 될 수 있다 했습니다. 그러므로 선망 부모나 인연 있는 영가를 위한 기도가 당연히 그들을 위한 것은 물론 실질적으로는 나의 업을 닦는 일이기도 한 것입니다.

업장을 녹이고 업의 불길을 끄게 하는 것은 기도수행뿐입니다. 삼보에 귀의하여 업장을 참회하고 부처님의 가르침대로 바른 수행의 길을 걸으니 지혜작용이 생기고 부처님의 가피로 업이 소멸되는 것입니다. 절대 가벼이 여기지 말고 49주 천도재와 지장재일 기도를 정성껏 챙겨서 부지런히 해나가야 합니다.

그것이 윤회와 인과를 아는 불자로서의 바른 자세입니다. 윤회의 원동력인 업력을 닦고 맑히고 덜어내어 악업의 윤회를 하루 속히 벗어나야 합니다.

우리의 기도의 힘이 영가에게 미치므로 업의 불길이 소멸된 영가는 해탈하여 극락으로 훨훨 자유로이 가기도 하고, 설령 다른 곳에 다시 태어난 영가라 할지라도 그의 업은 이미 엷어져 있습니다.

세상의 불길, 바깥에 난 불은 언젠가는 꺼지게 되어 있지만 업장의 불길은 방치해 두면 절대 꺼지지 않습니다. 내버려둘수록 더욱 거세져 그 불길은 나부터 태워 고통을 받게 됩니다. 마치 삼계화택 三界火宅, 불난 집에 살고 있는 것과 같겠지요.

정성스런 기도와 부처님을 향한 간절함만이 업의 불길을 잡을 수 있습니다. 그 불길이 잡힌 후에 오는 청량함과 시원함, 고요함과 편안함 그리고 행복감을 느껴보지 않으시겠습니까.

    我今以此香湯水 아금이차향탕수
    灌浴孤魂及有情 관욕고혼급유정
    身心洗滌令淸淨 신심세척령청정
    證入眞空常樂鄕 증입진공상락향

내 이제 향기로운 관욕 물로써
고혼들과 중생들을 씻어 주리니
몸과 마음 맑게 해 청정 이루어
참다운 땅 안락국에 이를지로다.

살아오면서 찌든 마음의 때부터 벗겨내야

마음이 깨끗하면 잠자리가 편하다. 어디 꿈자리뿐이겠는가! 영원히 자는 잠도 편해질 수 있다. 그것이 극락이다.

• '심청정心淸淨 국토청정國土淸淨'이라는 말이 있습니다. 마음이 청정하면 국토가 청정해진다, 인간의 마음이 청정해지면 사회가 청정해지고 자연과 국토가 청정해져 궁극에는 불국토佛國土를 이룬다는 말입니다.

어느 해인가 선방에서 겨울 석 달 안거를 할 때, 한번은 방 청소를 하는 데 무려 3시간이나 걸린 적이 있습니다. 자그마한 방 한 칸의 단출한 생활인지라 가볍게 생각하고 시작한 청소가 냉장고 청소에 이부자리, 베갯잇까지 빨고 구석구석 먼지를 털어내고 나니 반나절이 지나갔습니다.

눈에 보이는 더러움은 자연스레 청소가 잘 됩니다. 문제는 마음속에 쌓인 더러움입니다. 무수한 생을 살아오면서 켜켜로 쌓일 대로 쌓여 찌든 마음의 때는 어찌하겠습니까?

 늘 그래 왔고 눈에 보이지도 않으니 마음의 때를 벗겨내는 청소를 할 생각조차 않습니다. 그것만 벗겨내면 청정한 마음 그대로 극락인데도 말입니다. 눈을 안으로 돌릴 때입니다. 지금부터라도 우리는 마음의 청소에 익숙해져야 합니다.

 한국불교대학 大관음사의 여러 봉사단체 중에 목욕봉사팀이 있습니다. 철저한 하심下心과 굳은 신심信心으로 무장된 단체입니다. 여러 병원을 정기적으로 방문하여 운신運身이 힘들어 도움의 손길을 기다리는 환자들의 머리부터 발끝까지 씻어 드리는 일을 마다치 않고 있습니다. 힘든 사람을 씻겨주는 그 일이 바로 내 마음을 씻어내는 일이란 것을 봉사자들은 느끼고 압니다.

 '봉사가 수행이다' 라는 값진 발심發心으로 마음을 닦고 행을 닦고 있습니다. 또한 오염된 마음을 정화하는 것만큼 더 이상은 더러움이 타지 않도록 마음을 항시 들여다보는 것도 중요합니다. 그러려면 깨어 있어야 하고 삶의 바른 이치를 알아차려야 합니다. 바로 기도와 참선수행이 늘 깨어있는 마음을 가능케 합니다.

 재일마다 절에 와서 부지런히 정진하면서 기도에 동참해야 하는 이유입니다. 부처님의 가피로써 힘을 받게 되어 마음이 청정해지기 때문입니다. 하늘은 스스로 돕는 사람을 돕는다는 속담이 있듯이, 내가 나 자신을 바르게 세울 때 부처님도 나를 도와주십니다.

그리하여 내 마음이 청정해지면 나의 업장을 덜고, 나의 선망 부모와 조상 영가들의 업장을 덜어내어 마침내 대자유와 해탈, 참 행복을 구할 수 있습니다.

지장재일을 비롯, 정기적인 법회인 재일은 출가의 삶은 물론 보살의 정신을 본받아 정진하는 정진의 날입니다. 바쁜 일상생활 속에서 시간을 내어 재일에 동참하는 것은 불자의 의무이자 보다 적극적인 불자의 삶의 모습이기도 합니다.

우리가 재일기도에 부지런히 다니면, 첫째는 부처님 가피로써 반드시 힘을 얻게 되고, 둘째는 내 마음이 청정해지며, 셋째는 업의 불길이 소멸되어 바로 이 세상이 불국토로 변하는 것입니다.

재일 법회에 동참하는 분들을 보면 신심이 깊고 불제자로서 역할을 다하고 있다는 믿음이 생깁니다. 바로 청정심에 대한 믿음입니다. 청정한 신심을 오래오래 간직한 공덕은 큰 선근善根을 이루게 됩니다. 늘 청정한 신심을 가지고 마음 닦는 일에 게을리하지 말아야겠습니다.

百草林中一味新 백초림중일미신
趙州常勸幾千人 조주상권기천인
烹將石鼎江心水 팽장석정강심수
願使亡靈歇苦輪 원사망령헐고륜
願使孤魂歇苦輪 원사고혼헐고륜
願使諸靈歇苦輪 원사제령헐고륜

조주 스님 몇 천 번을 권하였던가!
돌솥에 강심수 고이 달여서
영가들 앞앞마다 드리옵나니
망령이여 드시고서 안락하소서
고혼이여 드시고서 안락하소서
향기로운 백초림 신선한 맛을 제령이여
드시고서 안락하소서.

보이지 않는 세계가 보이는 세계를 지배한다

- '잘되면 내 덕, 못되면 조상 탓'이라는 말이 있습니다. 참으로 이기적인 중생심입니다.

'잘돼도 내 탓, 못돼도 내 탓'이라고 생각하면 이건 조금 맑아진 마음입니다. '잘되면 조상 덕, 못되면 내 탓'이라고 생각한다면 더욱 맑아진 마음입니다.

이러한 생각의 전환은 빡빡하고 고단한 삶을 살아가는 데 최고의 지혜입니다. 잘못된 문제는 내 안에서 찾고 잘된 것은 이웃에 회향하여 그렇게 되게 해준 모든 인연들에게 감사의 마음을 전하는 것입니다.

혼자 사는 노총각 집에 도둑이 들었습니다. 밤에 자는 사이에 도둑은 쓸만한 것을 몽땅 다 가져가 버렸습니다. 사람들이 삼삼오오 모여 저마다 한 마디씩 했습니다.

"얼마나 미련하면 냉장고까지 가져가도록 잠을 자냐?"

"문단속 안 하고 잘 때 알아봤어."

"창문에 방범창도 하나 안 해놓으니 도둑 오라는 말이지."

"분명 술을 말로 마시고 잤을 거야."

물건을 도둑맞은 것도 억울한데 사람들이 하는 얘기를 듣자하니 노총각은 더욱 기가 막혀 벌컥 화를 냈습니다.

"그럼 다 내 잘못이고 도둑놈한테는 잘못이 없다는 말이에요?"

그러자 한 사람이 말했습니다.

"바로 도둑한테 잘못하도록 만든 것이 잘못이라니까!"

일단 현실에서 부딪히는 어려움을 대하는 태도로 바람직한 것은 자업자득自業自得이므로 다 내 탓이라고 돌리는 것이겠지만 조상 잘못도 한 번쯤은 생각해봐야 합니다. 그것은 조상을 원망하라는 말이 아니라 '내가 조상을 잘못 모시지는 않았는가?' 라는 생각을 해보라는 뜻입니다. 조상 탓을 하라는 말에는 그런 깊은 의미가 담겨 있습니다.

선망 부모 조상은 물론이고 애처롭게 태중에서 사망한 영가들을 까마득히 잊고 있지는 않았는지, 너무 홀대하지는 않았는지 잘 생각해 보아야 합니다. 특히 태중사망 영가를 태내의 양수羊水 속에서 사라졌다 하여 '수자령水子靈' 또는 그 집안에 인연은 닿았으나 세상 빛을 보지 못한 애처로운 영가라 하여 '일문유연애혼영가一門有緣哀魂靈駕'라 합니다.

살다가 별안간 안 좋은 일이 생기면 특별 천도재를 지내서 급하게 처방하곤 하지만, 평소에 조상 은혜를 저버리지 않는 것이 더 중요합니다. 먼저 가신 많은 영가들을 잊지 않고 사는 가장 좋은 방법은 평상시 한 달 중 하루만이라도 인연 영가들을 생각하면서 기도하는 것입니다. 그날이 바로 지장재일입니다.

우리는 눈에 보이는 것만 보고 믿고 실재한다고 생각합니다. 하지만 눈에 보이는 현상계는 빙산의 일각일 뿐, 눈에 보이지 않는 더 큰 세계가 존재합니다. 눈에 보이지 않는다 하여 존재하지 않는 것이 아닙니다.

존재하는 것은 고유의 에너지를 갖습니다. 그것은 인연이 다하여 흩어져도 또 다른 에너지로 화化하여 남게 되어 있습니다. 눈에 보이지 않는다 하여 무시해서는 안 됩니다. 오히려 눈에 보이지 않는 세계가 눈에 보이는 세계를 지배하고 있습니다.

그러므로 조상 탓할 것이 아니라 내가 조상을 잘못 모시지는 않았는가를 생각하면서 적어도 한 달에 한 번 있는 지장재일만큼은 꼭 챙겨야 합니다. 뿐만 아니라 일 년에 한 번 있는 백중 천도재 또한 같은 맥락에서 꼭 동참해야 합니다.

나만을 위해 사는 1년 365일 중에 백중을 포함한 지장재일만이라도 눈에 보이지 않는 많은 선망 부모 조상 영가들과 태중영가, 그리고 더 나아가 일체 유주무주의 모든 영가들을 위해서 기도하는 것이 그리 손해보는 일은 아닐 것입니다. 나에게 미치는 조상 천도의 공덕은 익히들어 알고 있지만 그것은 뒤로하고 후손으로서 너무나 당연한 일입니다.

영가라 하더라도 자신을 구제해 주는 은혜는 절대 잊지 않습니다. 나는 인연의 도리를 다하려고 한 것뿐이었는데 좋은 결과가 내 앞에 기다리고 있는 것이 천도재입니다. 영가천도는 영가로 하여금 복과 지혜를 닦게 합니다. 아울러 살아 있는 사람으로 하여금 법당에 와서 참배하고 기도함으로써 내 복을 닦고 내 지혜를 또한 닦게 하니 거룩한 불사라 아니할 수 없습니다.

이쯤 되면 조상 탓이 아니라 참으로 조상 덕, 맞습니다.

靈光獨耀 영광독요　迴脫根塵 형탈근진
體露眞常 체로진상　不拘文字 불구문자
心性無染 심성무염　本自圓成 본자원성
但離妄緣 단리망연　則如如佛 즉여여불

신령스런 광명이 홀로 빛나니 육근육진 알음알이를 벗어나고
마음의 본체가 드러나니 문자에 아무 걸림이 없다.
심성은 물들지 않아 본래 스스로 원만하나니
다만 망령된 인연만 떠나버리면 곧 여여한 부처라네.

영혼의 업그레이드

- 허무론자들은 연속성을 갖는 자아가 없으므로 전생도 없고 내생도 없으며, 번뇌가 다한 자나 번뇌가 다하지 않은 자나 모두 죽으면 단멸한다고 하여, 인간을 오직 물질적 존재로만 여겨 '죽으면 끝이다'라는 입장을 취하는데 그것을 '단멸적斷滅的 허무론虛無論'이라 합니다.

그런 시각에서는 물론 영가는 존재하지 않습니다. 한편 고정된 불변의 실체적 자아가 있다고 주장하는 '실체적實體的 상주론常住論' 자들은 상주하는 절대아絕對我가 있어 불변하고 불멸하는 윤회를 한다고 주장합니다. 그러나 이 두 이론은 모두 극단적이고 편협된 시각의 결과물로서 엄연히 존재하며 우주법계를 움직이는 순환 에너지를 간과하고 있습니다.

불교는 그 에너지를 '무아의 윤회'로 정의하고 영가가 있으며 그들을 구제해야 하는 타당성을 함께 제시합니다. 영가는 '업業의 자아自我'로만 존재할 뿐, 고정된 내가 없습니다. 바로 무아無我입니다.

업의 자아는 고정된 나도 없고, 나라고 할 만한 실체도 없는 무아의 연기적緣起的 흐름 안에서 다만 '행함', 즉 업에 의한 과보를 받으며 윤회합니다. 선인선과善因善果, 악인악과惡因惡果의 명백한 원칙에 따라 그 업력으로 존재하는 것입니다. 영가가 이렇게 무아의 윤회를 하기에 천도가 가능한 것입니다.

그러므로 우주법계의 실상을 알려주는 부처님의 감로법은 영가들로 하여금 갈애와 무명으로 얼룩진 윤회의 마음을 씻어내게 하는 선업善業의 기회가 됩니다. 즉 천도되는 영가들은 깊은 의식의 흐름 속에 있는 업식과 한恨의 감정을 염불과 정성스런 기도를 통해서 녹여냅니다. 부처님의 법문을 듣고 미움도 집착도 서러움도 다 내려놓은 다음 참회할 것은 참회하고 반성할 것은 반성하여 자기 갈 길을 찾아가게 되는 것입니다.

이것은 또한 정신분석학자 프로이트가 말한 카타르시스Catharsis의 일종으로 자기 감정의 정화라고 볼 수 있습니다.

염불을 통한 천도재는 억제된 자기 감정의 무한배출 통로이며, 죄업을 맑히는 장場입니다.

갇힌 업력 속에 있는 영가들이 한번 고집을 부리면 살아있는 사람보다도 더 큰 고집을 부리지만, 부처님 말씀을 듣고 한 생각만 돌리면 그보다 더 나은 세상, 대자유를 얻는 탁 트인 세상으로 올라가게 됩니다. 그것은 영가에게 선업을 닦는 기회가 되는 것뿐만 아니라 나에게도 기회가 됩니다.

　영가가 마음을 맑혀 좋은 길로 들어서 한층 업그레이드 되었듯이, 그들을 위한 정성스런 기도는 곧 나의 삶을 성찰하는 좋은 기회로서 나의 삶의 질 또한 업그레이드 되기 때문입니다.

　불교는 '죽으면 다 끝이다'라고 하여 열심히 사는 사람을 맥빠지게 만들지도 않고, 동일성을 가진 불멸의 '실체적, 절대적 나'가 있다고 하여 삶을 가두어 놓지도 않습니다. 불법佛法의 '무아'는 죽음을 삶의 새로운 연장으로 보고 '내가 하는 만큼'이라는 진리로서 우리의 삶을 역동적이며 책임감 있고 충실히 살도록 이끌어줍니다.

　불교는 늘 가능성을 제시하기에 희망적일 수밖에 없습니다. 우리는 누구나 이 세상에서 노력하는 만큼 행복하게 변화할 수 있습니다. 이러하기에 여법한 천도재는 더이상 선택의 조건이 아닙니다. 생활 속에 필수적으로 받아 들여 삶을 개선하고 업그레이드 시키는 기회로 잘 활용해야 합니다.

　　　　三界猶如汲井輪 삼계유여급정륜
　　　　百千萬劫歷微塵 백천만겁역미진
　　　　此身不向今生度 차신불향금생도
　　　　更待何生度此身 갱대하생도차신

윤회함은 두레박이 오르내림 같은지라
백천만겁 지나도록 벗어나기 어렵구나.
이 몸 받은 금생 안에 벗어나지 못한다면
언제 다시 생을 받아 이 몸을 벗어나리.

천도재, 알고 합시다

- "佛事門中불사문중 不捨一法불사일법, 절집에서 이루어지는 일은 하나같이 다 의미가 있다."

불사佛事는 '부처님의 일'이라는 뜻입니다. 부처님의 일이기에 불사는 '거룩한 일'입니다.

절집에서 하는 모든 일은 불사입니다. 절을 짓고, 단청을 하고, 탑을 세우고, 불상을 조성하는 것 뿐 아니라 포교와 교학, 방생 그리고 무료 급식과 같이 우리 주위의 어려운 이웃을 보살피는 보살행까지 절집에서 이루어지는 그 모든 일은 하나같이 다 큰 의미를 지니고 있습니다.

그 가운데 '그 모든 일'에 자칫 소외되어 빠지기 쉽고 잊히기 쉬운 '망자를 위한 일'을 절집에서는 특별히 잘 거두어 챙기고 있습니다.

바로 천도재가 그것이며, 천도재 또한 절집에서 이루어지는 불사로 부처님의 일, 거룩한 일의 하나입니다.

우리네 삶은 만남의 연속으로 인연의 끊임없는 관계와 관계 속에서 이루어지고 있습니다. 눈에 보이는 세상이 전부인 줄 알고 그것에만 집중하고 끄달리는 우리에게 관계란, 살아 있는 생명에게만 국한시켜 인식되고 있으니 어쩌면 그것이 당연한 일인지도 모릅니다.

그러나 현생의 삶이 전부가 아닙니다. 그저 한 단면일 뿐이지요. 마치 달의 한 면만 보고 그것이 다 인 냥 생각하는 것처럼…….

삶과 죽음은 시작과 끝의 개념이 아닙니다. 그것은 동시이자 순환의 성격을 갖습니다. 삶과 죽음을 달리 보지 않으며 웰다잉well-dying이 곧 웰빙well-being으로 이어지게 하는 불사가 있으니 그것이 천도불사요, 망자를 위한 천도재입니다.

더 좋은 곳에 나게 하기 위해 부처님의 위신력 안에서 죽은 사람을 배려하고 수행하도록 하여 산 사람처럼 그 인연관계를 챙기는 불사이기에 거룩하고 훌륭하다고 말할 수 있는 것입니다.

천도재, 바로 알고 해야 거룩한 부처님 일이 되는 것입니다.

그렇다면 거룩한 불사인 천도재가 과연 어떤 의미를 지니고 있을까요?

보은불사 報恩佛事

첫 번째, 천도재는 은혜를 갚는 불사입니다.

이미 돌아가신 지 오래된 분들이고, 우리가 배운 바대로 말하자면 윤회하여 다른 몸을 받았을 가능성이 높은데, 천도재가 과연 무슨 의미가 있을까? 그것이 특별히 어떤 의미를 갖고 무슨 역할을 하기에 조상님들께 은혜를 갚는 일인가? 이런 의구심이 들 것입니다. 오늘 하루를 분주하게 살아가야 하는 사람들의 입장에서 보면 일종의 미신이나 쓰잘데 없는 노릇으로 여겨질 수도 있습니다. 더구나 서구의 사고방식에 물들어 버린 현대 대중에게는 고리타분하고 낡아빠진 일개 '형식'으로 비칠 수도 있습니다.

그러나 불교의 생사관生死觀은 서구인들의 직선적인 시간 의식과는 달리 원형적인 우주관에 바탕을 둡니다. 한번 죽으면 끝나는 것이 아니라 전생, 금생, 내생이 꼬리를 물고 윤회한다는 것입니다. 이에 대한 대답이 될만한 실례가 있어 소개합니다.

때는 조선 말기, 용악聳岳 스님이 함경도 안변의 석왕사釋王寺라는 절에 계실 때입니다. 스님은 수십 년 동안 늘 오산의 수암사水巖寺라는 절에 가서 차 석 잔을 대접받고 오는 꿈을 꾸게 됩니다. 그 절 이름을 알게 된 것도 현판에 수암사라고 적혀 있던 선명한 꿈 때문이었습니다. 매년 그날만 되면 똑같은 꿈을 반복해서 꾸는 것을 기이하게 여긴 스님은 그날을 따로 기록까지 해두며 꿈에서 가는 절이 어딘지 궁금해 하였습니다. 하지만 단지 꿈만으로 그곳을 찾아가기에는 무리가 있어 그냥 지내고 있던 참에 어느 날 한 객승이 찾아옵니다. 이런 저런 이야기를 나누던 끝에 그 객승이 오산에 있는 수암사라는 절에서 왔다는 말을 들은 용악 스님은 정신이 번쩍 들었습니다.

"오산에 있는 수암사에서 오셨다고요?"

"예, 수암사에서 왔습니다. 왜 그러십니까?"

매년 같은 날 수암사 꿈을 꾸는 것과 꿈에서 본 그 절의 전경에 대해 자세히 설명을 하였더니 객승은 모두 맞다고 하며 아주 놀라워 했습니다.

"수암사에 와 보신 적이 있으십니까? 여기서는 아주 먼 곳에 있는 절인데……."

"그렇습니다. 그런데 매년 모월 모일은 그 절에서 무슨 행사가 있는 날입니까?"

늘 차 석 잔을 대접받는 이상한 꿈을 꾸는 날을 떠올리며 물어보니 객승은 더욱 놀라며 말하였습니다.

"그날을 어찌 아십니까? 그날은 수십 년 전 다 쓰러져 가던 수암사를 다시 일으켜 세운 중창주 스님의 기일忌日입니다. 그래서 매년 그 스님을 기리며 크게 행사를 한답니다."

그때 용악 스님의 머리를 크게 스치고 지나가는 한 생각이 있었습니다.

'아! 내가 바로 그 중창주 스님이었는가 보다. 나의 전생이 바로 거기에 있었구나!'

스님은 잠시 후 다시 그 객승에게 물었습니다.

"그렇다면 그렇게 큰 불사를 하신 중창주 큰스님에 대해 아는 바가 있습니까? 혹시 그 스님이 평소에 이루려는 특별한 원을 지니셨다고 들은 바가 있습니까?"

"네, 큰스님께서는 해인사의 『팔만대장경八萬大藏經』을 꼭 인쇄하여 모시고 여러 절과 여러 스님들께 유포하여 많은 사람들이 경전을 읽을 수 있게 되기를 늘 발원하셨습니다."

그 이야기를 들은 용악 스님은 그 발원이 자신의 원願과 똑같은 신기한 인연에 더욱 전생에 대한 확신을 하고, 자신의 발원인 『팔만대장경』 인경불사印經佛事를 금생에 이루기 위한 노력을 일심으로 다짐하였습니다.

그리하여 1896년, 용악 스님은 66세가 되던 해 석왕사를 나와 통도사에서 인경불사 원만 성취를 기원하는 100일 기도를 올렸습니다. 기도회향 후 그 이듬해 스님은 『팔만대장경』이 봉안되어 있는 해인사로 자리를 옮겨 다시 100일 기도를 올립니다. 지극한 기도의 정성이 효험을 보여 1899년에 고종의 허가로 나라의 큰 시주를 받아 드디어 『팔만대장경』 4질을 복사하게 되었습니다.

해인사 경판은 모두 8만 1,258장으로서 앞뒤로 하면 16만 장이 넘는 엄청난 양입니다. 그것도 4질을 인경했으니 그에 소요되는 물자와 인력을 추측한다면 매우 큰 불사였음에 틀림없었습니다.

복사된 대장경은 통도사, 해인사, 송광사 삼보 사찰에 한 질씩 모시고, 나머지 한 질은 전국의 여러 사찰에 나누어 모셨습니다. 이렇게 하여 전생과 금생을 잇는 불사를 마친 스님은 오랜 소원을 무난히 이루게 되었습니다.

용악 스님의 이러한 원력불사는 누구에게도 뒤지지 않는 신심에서 비롯되었습니다. 스님이 살아계실 때 『금강경金剛經』을 십여 년 동안 수십만 번 독송하여 치아에서 사리가 나왔다는 일화 또한 이를 뒷받침하고 있습니다.

간절한 염불念佛과 간경看經으로 정진한 스님은 말년에 통도사에 오래 기거하시다가 자신이 3년 후 열반에 들 것을 예견하셨습니다. 그리고 때가 이르러 어느날 저녁 단정히 앉아서 좌탈입망坐脫立亡 하셨다고 합니다. 두터운 신심에 편안한 입적을 보는 대목입니다.

용악 스님의 크나큰 원력은 전생을 지나 금생에까지 미치며 그 힘을 발휘하셨던 것입니다.

이러한 실례뿐 아니라 최근 들어 보다 과학적인 접근 방법으로 눈에 보이지 않는 마음의 에너지가 초월적이며 지대한 영향을 미친다는 사실을 밝히는 연구자료들이 다수 발표되었습니다.

러시아와 미국의 학자들이 공동으로 마음의 에너지에 대해 연구를 한 적이 있었습니다.

육지에 함께 살던 어미 토끼에게서 새끼 토끼를 떼어 아주 멀리 떨어진 바다 한가운데로 데려가 죽였습니다. 그 순간, 그렇게 먼 물리적 공간이 존재함에도 불구하고 육지의 어미 토끼가 흠칫 놀란 듯 안정하지 못하고 흥분된 행동양식을 보였다 합니다. 즉 새끼를 염려하는 어미 토끼의 마음 에너지가 공간을 초월하여 작용한 결과 새끼의 상태를 보지 않고도 직감할 수 있었던 것입니다.

이러한 이야기를 보더라도 우리 마음의 에너지는 시간과 공간을 관통하며 작용한다는 사실을 알 수 있습니다.

마음을 모아 하는 기도는 생멸生滅에 얽매여 있는 중생의 세계와 달리 생멸이 없고 영원한 진리의 세계에 계합하는 일입니다. 따라서 진리와 하나되기 위한 우리의 기도 또한 시공을 초월하여 삶과 죽음, 이승과 저승, 전생과 금생과 내생을 관통하며 선업善業의 축을 제공하는 에너지로 작용합니다.

조상을 위한 천도기도 역시 그러한 선업의 에너지로 인하여 영가님들이 윤회 속에서 이고득락離苦得樂 할 수 있는 역할을 합니다. 그러므로 효孝의 개념에서 보은불사가 되는 것입니다.

우리가 현재 존재한다는 것은 인정하든 인정하지 않든 어떤 방식으로든 빚을 지고 있다는 것을 뜻합니다. 내가 존재하는 것은 피로 결속된 혈족의 은혜가 있었음이 틀림없지요. 그러므로 가까운 부모로부터 먼 윗대 선망 조상님들에게까지 갚아야 할 빚 속에 있다는 것을 부인할 수가 없습니다.

떼려야 뗄 수 없는 부모와 자식, 조상과 자손의 관계, 즉 은혜의 연결 선상에 내가 있게 된 것입니다. 그 빚을 갚고 감사하는 마음으로 그분들을 위해 지극정성 천도재를 지내면 윤회 속에서도 시공간을 초월하여 그 영향이 미치게 된다는 말입니다.

부모와 조상은 근본을 이루는 뿌리이며, 자손은 그 자양분을 받아먹고 자라는 가지이며 잎이자 열매입니다. 뿌리가 성해야 가지와 열매와 잎이 풍성해지는 원리입니다.

이러한 이유 때문에 조상에 대한 보은의 기도인 천도재는 단순히 조상만을 위한 기도로만 그치지 않습니다. 그 정성 어린 기도의 힘은 조상님들의 영혼과 피가 고스란히 녹아 흐르는 나에게로 직접적으로 전달됩니다.

그러므로 보은의 기도는 또 다른 복된 일을 창출하며 바로 당사자에게 영향을 미치는 힘을 발휘합니다. '끼리끼리 법칙'이 있듯이 좋은 에너지는 반드시 다른 좋은 에너지를 끌고 돌아오게 되어 있습니다. 그래서 은혜를 저버리지 않고 지극정성으로 그 은혜를 갚으려 한다면 좋은 에너지는 돌고 돌아 다시 나를 이롭게 하는 힘으로 다가옵니다. 그러한 순환이 바로 세상의 이치이자 진리인 것입니다.

유교 및 다른 종교에서도 '보은'이라는 말을 쓰긴 하지만, 그 말은 내생관이 없는 죽음 앞에서는 힘을 잃고 맙니다. 돌고 도는 순환의 세계관을 전제하지 않는다면 조상에 대한 제사는 그저 마음속에 맴도는 추모의 정일뿐입니다. 조상은 죽어 흙으로 돌아가고, 자손은 추념하다가 세월의 흐름에 따라 차츰 잊게 됩니다. 그러한 세계관에서라면 '보은'은 어쩌면 한정적이고 특별한 의미 없는 형식적인 개념의 겉치레에 불과합니다. 그렇지만 전생前生, 금생今生, 내생來生을 통해 삶과 죽음이 달리 있는 것이 아니라는 불교의 생사관生死觀으로 보면 그것은 실제적인 보은의 의미를 가집니다.

천도재는 단순한 추모가 아니라 실제적인 천도의 의미로 극락왕생을 기원하거나 더 좋은 곳으로 가게 하여 은혜를 갚는 일이기 때문입니다. 나의 뿌리인 조상을 위해 천도재를 정성껏 지내어 그들의 은혜에 감사하는 일은 당연하거니와, 그 에너지가 나에게로 다시 돌아와 결국 나 자신을 위한 기도가 된다는 사실을 잊어서는 안 될 것입니다.

정업불사淨業佛事

두 번째, 정업淨業이라는 것은 '업을 깨끗이 한다'는 뜻으로 천도재는 업을 맑히는 불사입니다.

'업業'은 행위 그 자체를 말합니다. 순간순간의 행위 자체가 업력業力이 되어 업을 지은 존재 속에 잠재적 에너지로 저장되어 있다가, 존재들이 현생을 살아가는 동력으로 쓰이고 죽어서는 내생을 결정짓는 에너지로 작용하면서 아주 끈질기게 따라다닙니다. 죽는다고 해서 업이 저절로 사라지는 것은 아닙니다.

선업을 짓고 악업을 짓는 것도 인간의 의지요, 악업을 맑히는 것도 인간의 의지입니다. 천도재는 그 업을 맑혀주는 데 의미와 목적이 있습니다.

『지장경地藏經』의 「이익존망품利益存亡品」을 보면, 어떤 사람이 생전에 죄를 많이 짓고 목숨이 다했어도 가족이나 후손들이 재를 지극정성으로 지내게 되면 그 공덕의 7분의 1은 영가에게 돌아가고 나머지 7분의 6은 재를 지내준 산사람의 몫이 된다고 나옵니다.

영가를 위한 재이므로 영가가 그 공덕을 오롯이 다 가져가는 것이 당연할 듯한데 산사람이 오히려 더 많이 가져가게 되는 이유에 대해 한 번쯤 생각을 해보게 됩니다.

그러나 이것은 이치에 맞는 분명한 사실입니다. 현실에서 누구나 체험해 볼 수 있는 일이지요.

그 이유는 영가 천도재를 지내면서 행하는 『금강경』이나 『법화경法華經』 독송과 사경, 그리고 염불 등이 본인의 수행과 직결되기 때문입니다. 즉, 그 덕분에 시나브로 나 자신의 마음공부가 되는 것입니다. 부처님의 가르침으로 마음을 쉬게 하여 집착과 번뇌를 다스리니 업이 닦이고 맑아져 그만큼의 공덕이 있다는 얘기입니다.

일반기도 또한 마찬가지입니다.

예를 들어 어머니가 자녀의 학업성취 기도나 시험합격 기도를 하는데, 그것은 부모가 자식을 위한 마음으로 그만큼 관심을 보이고 정성을 들인다는 뜻입니다. 부모 된 도리로 자식이 힘들게 공부하는데 마음을 보태는 기도를 하는 것은 당연합니다. 보이지 않는 기도의 힘이 분명히 작용하기 때문입니다.

그런데 그런 기도에 동참하는 어머니들을 살펴보면, 처음에는 건강이 좋지 않거나 몸이 약해 보이던 사람도 100일쯤 지나고 나면 몰라볼 정도로 아주 건강해집니다. 왜냐하면 매일 108배 혹은 1,000배를 하고 독송과 정근을 하며 참선으로 마음을 다스리니 마음이 지극히 안정되고 편안해져 심신이 건강해지지 않을 수 없게 됩니다. 자녀들을 위해서 시작한 기도이지만 어느 순간 정신적 육체적으로 많이 변화된 자신을 경험하게 될 것입니다.

이것이 부처님 가피입니다. 나 자신보다는 다른 누군가를 위하여 시작한 기도이지만 그 기도로 나 자신이 더 큰 부처님의 가피를 받게 되는 것이 사실입니다.

그와 같은 이치입니다. 선망 부모를 위해 마음을 내어 천도재를 올리고 기도를 한다지만 결국 그것은 자신의 업을 맑히는 기도, 즉 자신의 정업불사가 되는 것입니다.

어떤 여인이 결혼을 하게 되었는데, 그 해에 집안의 어른 한 분이 돌아가셨습니다. 마침 여인은 태기가 있었고 그 후 아이를 낳아 기르다보니 결혼했던 그 해에 돌아가신 어른의 성격과 외모를 무척 닮아 있었습니다. 그 어른이 윤회해서 다시 아이로 태어났을 개연성이 상당히 높다는 이야기로 세간에서 심심찮게 일어나는 일입니다.

윤회와 환생이라는 경이롭고 신비스런 현상에 대하여 우리 선조들은 일찍부터 직감과 경험을 통해 수긍하고 받아들였습니다. 그런데 서구에서는 요즘 학자들이 이런 현상을 확인하기 위해 과학적으로 연구하고 있습니다. 무언가 있기 때문에 그걸 확연히 밝히려고 매달리는 것입니다. 언젠가 이치가 밝혀지면 인간은 영적으로 무척 성숙해지겠지요.

평소 선망 부모 조상님들을 위한 천도재를 지낼때나 백중을 맞아 영가 천도재를 지낼 때는 윗대 조상을 다 모시는 것이 좋습니다. 『우란분경盂蘭盆經』에서는 7대 선망 부모를 모셔야 한다고 구체적으로 밝히고 있습니다. 7대 선망 부모님들 중에서 어느 한 분이 자신으로 태어났을 가능성이 매우 높습니다. 인연 영가들은 그 업력으로 멀리 가지 못하고 그 집안에 다시 태어나거나 혹은 그 부근 지역에 태어날 가능성이 아주 높다는 뜻입니다.

현실적으로 우리가 만나는 사람들의 폭과 활동 반경은 매우 한정적입니다. 우리가 가벼운 눈인사 정도로 알고 지내는 사람이나 그저 몇 마디 대화하고 상대해주는 사람, 그리고 가족과 친지를 포함하여 친분이 두터운 사람 모두를 포함해도 얼마 되지 않습니다. 이들은 적어도 전생인연이 있었던 사람들입니다. 내가 태어난 집안과 고장, 그 범위를 거의 벗어나지 못합니다.

우리가 한국 땅에 태어났다면 다음 생에도 한국 땅에 태어날 확률이 아주 높습니다. 그것은 바로 이 땅에서 쌓고 쌓은 업 때문입니다.

우리가 미국으로 이민 가서 산다 하더라도 한국말 쓰는 게 편하고 그 속에서 우연히 한국 사람을 만나는 기회가 생기면 무척 반갑고 고향을 그리워하게 됩니다. 많은 이민자들이 훗날 다시 고국으로 돌아오게 되는 것은 바로 이 업의 작용 때문입니다. 물체가 운동 상태를 유지하려는 관성의 법칙처럼 업의 동력動力도 그러합니다.

그러한 인연의 끈 때문에 이번 생이 다하고 다음 생이 되었을 때도 그 에너지가 그대로 전달되는 것입니다.

우리가 흔히 인연이라 말하지만 다겁생을 이어오면서 피로 맺어진 핏줄의 인연만큼 지중한 것은 없습니다. 선망 부모 조상 가운데 어느 영가가 윤회하여 지금의 나로 다시 태어나게 되었을 수도 있습니다.

그래서 천도재 때 조상의 업을 맑히기 위해 베푸는 염불 등의 여러 가지 의식은 대상이 밖으로 향하는 것이 아니라 곧 나 자신에게 회귀 하는 셈이 되는 것입니다. 다름 아닌 결국 자기 업을 맑히는 기도로서 바로 천도재가 정업불사가 되는 이유입니다.

우리가 천도기도를 할 때는 '내 업을 맑히는 큰 불사' 라는 확신을 마음속 깊이 지니고 해야 합니다.

구제불사 救濟佛事

세 번째, 천도재는 영혼을 구제하는 일입니다.

제 갈 길을 못 가고 떠돌거나 지옥에 떨어진 인연 영가의 영혼을 구제하는 일은 매우 중요합니다. 그래서 불교의 5대 명절 중 하나인 백중날 선망 부모 및 유주무주 고혼 영가들의 극락왕생을 발원하는 천도기도를 합니다.

그럼 왜 백중날 조상 천도를 하는가?

백중기도의 유래에 대한 이야기가 『목련경目連經』과 『우란분경』에 자세히 나와 있습니다.

옛날 왕사성에 훌륭한 인품을 지니고 육바라밀을 잘 실천하며 수행했던 부상扶桑이라는 장자長子가 있었습니다.

그런데 불행히도 갑자기 병을 얻어 세상을 뜨게 되는데 슬하에는 부인과 아들 나복뿐이었습니다. 효심이 깊었던 나복은 3년 동안 아버지 무덤 옆에 움집을 지어 지내는 시묘侍墓를 산 후, 그동안 축난 재산을 늘리기 위해 전재산을 정리하여 3분의 1은 집안을 보존케 하는 명목으로, 3분의 1은 돌아가신 아버지를 위해 삼보에 귀의하는 공양비로 쓰라고 어머니께 드리고, 나머지는 나복 자신이 돈을 벌기 위한 장사 밑천으로 삼아 외국으로 떠났습니다.

그런데 아버지와 달리 어머니는 신심도 없고 마음씨도 좋지 않았을 뿐 아니라 삿된 소견에 빠져 사도邪道의 길을 걷고 있었습니다. 나복이 떠난 후 어머니는 마치 때를 만난 듯 자신을 교화하러 온 스님이 있으면 몽둥이로 때려 목숨이 붙어 있지 못하게 하라는 명을 내리고, 여러 짐승들을 사서 산목숨을 죽여 그 피를 받아 마시고 피를 여기저기 마구 뿌리는 등 살생의 업을 짓는 사도의 의식을 즐기며 살았습니다.

세월이 흘러 어느 날 나복이 돌아오자, 어머니는 마치 그동안 삼보에 대한 공양에 게으르지 않고 재를 잘 지낸 것처럼 꾸며 놓았습니다. 나복은 어머니의 말을 믿었지만 동네 사람들이 나복에게 그동안 어머니가 지은 악행에 대해 알려주었습니다. 슬퍼하는 나복에게 어머니는 '만약에 내가 네 아버지를 위하여 재를 지내지 않았다면 문득 중병을 얻어 7일 안에 죽어 아비지옥에 갈 것이다'라고 말했습니다. 그런데 자신이 말한 대로 어머니는 정말로 중병에 걸려 7일을 넘기지 못하고 죽고 말았습니다.

자신의 기대를 저버린 어머니였지만 효성이 지극했던 나복은 아버지 때처럼 정성스런 시묘로 3년상을 마쳤습니다. 그런 다음 인생의 근본문제를 해결하고자 부처님을 찾아가 출가를 한 후 열심히 수행하여 이윽고 신통제일神通第一 목련 존자가 되었습니다.

어느 날 목련 존자가 신통의 눈으로 하늘 세계 33천을 둘러보니 생전에 육바라밀을 잘 실천했던 아버지는 과연 화락천궁에 계셨지만 어머니는 아무리 살펴도 보이질 않았습니다. 이를 이상히 여긴 목련 존자는 그 이유를 부처님께 여쭈었습니다.

"네 어머니는 살아서 삼보를 믿지 않고 삿된 종교에 빠져 살생을 서슴지 않았다. 온갖 나쁜 짓을 다 하여 지은 죄가 수미산과 같은지라 지금 지옥에 들어가 죄의 과보를 받으며 고통 속에 헤매고 있느니라."

어떻게든 어머니를 지옥고통에서 벗어나게 하려는 목련 존자의 깊은 효심은 부처님의 마음을 움직였습니다. 부처님의 법력과 스님들의 정성어린 수행력의 도움을 받아 구제에 이르렀으나 그 죄가 너무 깊고 무거워 한 번에 인간이나 천상에 태어날 순 없었습니다.

어머니는 대아비지옥을 겨우 벗어나 흑암지옥으로, 또 목련의 계속된 천도재와 정성스런 기도로 그곳을 벗어나 아귀세계로, 다음엔 왕사성에 사는 개의 몸을 받아 태어나게 되었습니다. 하지만 목련의 정성은 거기에서 그치지 않았습니다. 개의 몸을 벗어나게 하고자 부처님이 일러주신 대로 7월 보름, 재를 지내고 안거를 끝낸 스님들에게 공양을 올림으로써 스님들의 넓은 공덕에 힘입어 끝내는 어머니를 고통으로부터 구해내어 도리천궁에 태어나게 하였습니다.

이것이 우란분재 盂蘭盆齋의 시초이며, 7월 보름 백중에 인연영가의 천도를 하게 된 유래입니다.

이 이야기에서 보듯 쌓이고 쌓인 업 때문에 천도재는 한 번으로 될 일이 아닙니다.

부처님도 개인의 업을 멸하여 줄 수 없고, 신통제일인 목련도 그의 신통으로 부모의 업을 멸해줄 수 없지만, 자신의 피나는 수행과 권속들의 지극한 효심과 정성은 그 업을 맑혀줄 수 있습니다.

바로 천도재가 그러한 역할을 합니다.

우리는 목숨이 붙어 있는 날까지 우리와 인연 있는 분들을 위한 구제불사, 즉 천도재를 지내 드려야 합니다. 나와 인연 있는 사람들 중에 지옥이나 아귀 세계 또는 인간 세계에 고통스러운 과보를 받아 태어나지 않는다고 누가 장담할 수 있겠습니까?

바로 그들을 구제하는 일이 천도재입니다.

목련 존자가 어머니를 위한 정성스런 기도를 계속하여 마침내 지독한 고통으로부터 해방시켜주었듯이, 우리의 선망 조상을 위한 간절한 기도가 어두운 저 세상에까지 울림으로 전해져 더 좋은 곳으로 안내하고 천도하니 이 얼마나 거룩하고 훌륭한 불사입니까?

한국불교대학 大관음사 전체 도량에서 거행되는 '1년 49주 천도재'는 7대 선망 부모, 유주무주 고혼 및 태중사망 영가를 위한 천도재입니다. 구제는 한두 번에 끝날 일이 아니니 정성스런 마음으로 꾸준히 동참하는 것이 중요합니다.

업이라는 것은 죽는다고 그냥 소멸하지도 않거니와 너무나 두텁고 끈질겨서 어느 날 한 번의 기도로 무 자르듯 잘라지는 것이 아닙니다. 부단한 수행의 노력과 각고의 정진이 있지 않고는 다 녹일 수가 없습니다. 천도재는 영가 구제가 목적이지만 의례 자체가 수행인만큼 곧 나의 업장 소멸로 이어져 영가 구제가 곧 자기 구제가 되는 것입니다. 여러 생을 이어온 업장이니 만큼 그 소멸은 힘든 일입니다. 스스로 마음을 맑히고 밝히는 수행 말고는 해결할 길이 없습니다.

작복불사 作福佛事

네 번째, 천도재는 복을 짓는 불사입니다.

천도재를 지내기 위해서는 현실적으로 많건 적건 비용이 듭니다. 하지만 그 비용은 액면 그대로의 가치를 넘어 환산할 수 없는 귀한 가치를 갖게 됩니다. 재를 준비하기 위해 쓰이는 재비齋費와 영단에 불전을 내는 일, 그 자체가 다 적선이 되기 때문입니다.

선善을 쌓아 복을 짓는 일 가운데도 가장 복되는 일은 바로 사람을 돕는 일입니다.

한국불교대학 大관음사에서 하는 복지사업과 교육이 다 사람을 위한 일입니다. 대중 스님들의 강원 및 승가대학에서의 공부, 감포 도량 무일선원 후원, 재가자를 위한 단기 출가학교 운영, 그리고 초·중·고 법회 운영 등 모든 것이 사람을 위하는 일로써 반드시 재원財源이 필요합니다.

우리절에서 천도재를 지냄으로써 들어오는 재정 수입은 반드시 사람을 키우는 데나 영원한 안신입명처安身立命處인 부처님 도량을 잘 가꾸어 나가는 데 쓰이고 있습니다. 그러므로 천도재는 조상을 위한 일, 나 자신을 위한 수행, 나아가 타인을 위한 일 등 자리리타自利利他의 소중한 복을 짓고 있는 것입니다.

진정한 마음으로 짓는 복덕은 그 어떤 형식도 따를 수가 없습니다.

이와 관련하여 경허 선사의 제자인 혜월 큰스님의 유명한 일화가 있습니다. 양산 통도사의 말사인 미타암에 계실 때였습니다.

어느 날 그 지역의 한 신도가 찾아와 재비 100원을 시주하며 아버지의 49재를 청하였습니다. 스님은 재 준비를 위해 시자 한 명을 데리고 그 돈을 다 들고 장에 갔습니다. 그 당시 100원은 상당히 값어치 있는 액수였습니다. 스님이 시장에 막 들어서는데 어느 여인이 머리를 풀고 땅바닥에 앉아서 울고 있기에 측은하여 다가가서 연유를 물었습니다.

"저는 열심히 살았지만 하는 일마다 안 되고 남편의 오랜 병고로 빚을 졌는데 그걸 갚지 못해서 오늘 집에서 쫓겨나야 할 형편입니다. 가야 할 곳도 없고 빚쟁이들에게 시달려 이제 정말 어찌해야 할지…, 막막하여 죽을 일밖에 남지 않았습니다."

"그 빚이 얼마요?"

스님이 물었습니다.

"80원입니다."

혜월 스님은 조금의 망설임도 없이 80원을 꺼내 주었습니다.

"이 돈으로 빚을 갚고 부디 용기를 내어 사시오. 열심히 바르게 살면 반드시 좋은 날이 올 것이오."

그런데 그 여인은 갈 생각을 않고 앉아서 계속 우는 것이었습니다.

"스님께서 도와주셔서 집은 건졌지만 딸린 자식들이 많아 앞으로 살 일이 막막합니다."

그 여인의 딱한 사정을 안타깝게 여긴 스님은 남은 20원마저 내어 주고는 빈손으로 절로 되돌아갔습니다. 마침 시장에서 사온 물건을 받으려고 마중나와 있던 주지 스님은 그들의 모습에 눈이 휘둥그레졌습니다.

"스님, 어떻게 빈손으로 오십니까?"

"재는 이미 다 지냈네. 시장에서 이미 다 지내고 오는 길이지."

혜월 스님은 빙긋 웃으며 대꾸했습니다. 자초지종을 들은 주지 스님 입장에서는 조실 스님의 거침없는 자비행이 이해가 되는 일이었지만 다음날 재를 지내러 올 사람들에게 어떻게 설명 해야 할지 난감했습니다.

이튿날이 되어 영문을 모르는 신도들이 재를 지내기 위해 절에 도착했습니다. 재 준비가 되지 않은 걸 본 신도들이 놀라 소리쳤습니다.

"스님! 이게 무슨 일입니까? 오늘이 저희 아버님의 49재 날인 것을 잊으셨습니까?"

"잊지 않고 다 기억하고 있지요."

"그런데 대체 이게 어떻게 된 일입니까?"

스님은 정중히 대답했습니다.

"재는 하루 앞당겨 아주 잘 지냈습니다."

고귀한 속사정을 알게 된 신도들은 오히려 스님께 감사한 마음을 전했습니다. 사람 목숨 몇을 살린 복을 지었으니 복 많은 자손들이며 아버지 또한 복 많은 영가였습니다.

만약 우리가 재비를 단순히 성대하게 재를 잘 지내기 위한 소모성 경비로만 여기고 사용한다면 거기서 큰 의미를 찾을 수는 없을 것입니다. 하지만 그것에 그치지 않고 사람을 살린다거나 인재를 키운다거나 이웃을 돕는다거나 또는 만인의 의지처이자 안식처로 제 기능을 다할 수 있도록 가람 정비를 하는 데 쓴다면 그보다 더 큰 작복은 없습니다.

복은 받는 것이 아니라 자기가 스스로 짓는 것입니다. 그런 의미에서 천도재를 통한 나 자신의 작복은 매우 중요한 의미를 가집니다.

천도재의 의미를 편의상 보은불사, 정업불사, 구제불사, 작복불사라고 구분해 놓았지만 그것은 모두 하나의 의미로 거룩한 불사입니다. 또한 천도재가 선망 부모를 위한 기도임은 분명하나 그 중심에 내가 있음을 알게 될 것입니다.

　이렇듯 중생교화를 위한 부처님의 자비심은 죽은 자, 산 자를 구분짓지 않고 두루 미치고 있습니다.

　천도재는 그 자체가 수행불사로서 분명 동참의 공덕이 있을 것입니다.

捲箔逢彌勒 권박봉미륵
開門見釋迦 개문견석가
三三禮無上 삼삼례무상
遊戲法王家 유희법왕가

발을 걷어 올리면 미륵 부처님 뵙게 되고
문을 열면 석가모니 부처님을 뵙게 되네.
최상의 복전이신 삼보님께 예배 올리니
법왕의 집에서 쾌락하리라.

천도의식 薦度儀式

우러러 아뢰옵나이다.
지장보살님께옵서는 만월 같으신 얼굴과
맑은 강물 같은 눈을 가지셨으며,
마니 구슬을 손에 들어
원만한 과위를 보이시고
연꽃 송이에 앉으사
인행의 문을 여의지 않으시며,
자비의 광명을 두루 놓으시고
항상 지혜로운 검을 휘두르사
저승의 길을 밝히시고
죄악의 뿌리를 끊으신다 하오니,
귀의하는 정성 간절하면
그 감응 어찌 더디겠나이까.

- 　　　　　의식을 빼고는 종교를 말할 수 없습니다.

종교를 이루는 요소 중에서 의식이 빠지면 마치 솥의 세 다리 중에서 하나가 없는 것과 같습니다.

종교의식이란 모든 대중들의 마음을 하나로 모아 통일된 의식을 통해 종교적 체험을 하게 하고, 믿음의 대상을 향한 마음을 밖으로 표출하여 가까이 다가가 그 대상과 하나 되게 만듭니다. 무엇보다도 불교 의식이 돋보이는 점은 그 의식 자체가 하나의 수행이라는 점입니다. 의식 중에 행해지는 염불, 절, 정근 등이 실제 내 마음을 닦는 수행과 직결되기 때문입니다.

불교에서 행해지는 여러 의식 가운데 특히 망자를 위한 기도 의식이 있는데, 영가에게 공양을 올리며 천도를 기원하는 것을 천도재라 합니다.

천도재란 말 그대로 살아생전에 지어온 죄업을 부처님의 법력으로 말끔히 씻어내 극락왕생을 기원하는 의식이며 만약 묵은 업장이 두터워 극락왕생까지는 못한다 할지라도 더 나은 세상에 다시 나기를 바라며 길을 안내하는 의식입니다. 한마디로 '영가를 위한 법회'입니다. 49재, 우란분재, 생전예수재, 수륙재, 영산재 등은 천도재의 종류를 말하는 것입니다. 매달 지장보살님께 공양을 올리며 영가천도를 기원하는 지장재일이 있으며, 영가장애가 있거나 집안에 큰일을 앞두고 있을 때 특별 천도재를 하기도 합니다.

재齋는 음식공양과 염불로 이루어지는데, 영가에게 음식공양을 올리고 경전을 읽고 법문을 해주는 의식을 시식施食이라 합니다.

시식에는 아픈 환자를 구원하기 위해 베푸는 구병시식, 법계에서 떠돌며 갈 길을 못 가고 있는 불특정 다수의 영가에게 베푸는 화엄시식, 그리고 관음시식이 있습니다. 특히 천도재 때 주로 하는 것을 '관음시식'이라고 하는데, 그 이유는 우리가 망자의 천도를 위해 관세음보살님의 화현化現인 인로왕引路王보살을 안내자로 삼아 의지하기 때문입니다. 바로 인로왕보살이 망자의 영혼을 불보살의 법석法席이나 안락정토, 극락세계로 인도해 주는 역할을 합니다.

기도는 여법如法하게 진행되어야 하며, 기도에 동참한 모든 대중들의 공감대가 형성되어야 합니다. 그것은 지극히 정성스런 마음으로 가능해집니다. 집전執典하는 스님의 요령 소리와 선기 어린 염불 소리가 무슨 뜻인지 모를지언정, 삼보에 귀의하여 영가의 극락왕생을 진심으로 기원하는 마음으로 처음부터 끝까지 그 기도에 임한다면 동참하는 이의 자세로는 완벽하다고 할 수 있지만, 근기가 약한 사람에게는 뜻도 모르는 염불 소리와 긴 절차가 오히려 마음을 모으는 데 방해가 될 수 있습니다.

'도대체 지금 스님이 무슨 소리를 하시나', '왜 일어나라 앉으라 하나', '왜 부처님을 보라 했다가 신중단을 보라 했다가 영단을 보라 하지?', '끝나려면 아직 멀었나……'

참으로 염불보다 잿밥이라는 말이 나오게 합니다.

천도를 위한 구구절절한 의식 내용은 집전하는 스님의 몫으로 돌리더라도 어떠한 절차로 진행되는지 그 의미만이라도 안다면 마음을 모으는데 도움이 될 것이고 그만큼 정성이 담기어, 한결 여법한 천도재가 되어서 어두운 곳의 영가들께 밝은 빛을 선사하는 큰 공덕의 계기가 될 것입니다.

망자에게 좋은 길을 가게 하는 더없는 사람의 도리와 효의 도리를 다할 수 있다는 천도재의 훌륭한 점 때문에 요즘 들어 다른 종교에서도 의식을 차용하여 쓰고 있지만 과연 그 뜻을 얼마나 알고 쓰는지 궁금할 따름입니다.

죽어서 천국과 지옥만이 존재하는 그들에게 있어 천도의 의미가 '영가를 좋은 곳으로 법法 답게 천거하거나, 영가의 깨달음으로 더 좋은 곳에 옮겨가게 한다' 는 '천薦'의 개념으로서 상승윤회를 통한 삶의 전환점이 될 수는 없겠지요. 단지 절대자 유일신을 믿어 죽어서 그의 뜻에 따라 천국, 즉 '하늘天'에 가 있는 사람들에 대한 추모와 의례의 개념에 머물 수밖에 없습니다.

하지만 부처님의 진리는 불교라고 한정 지을 수 없는 보편타당한 진리이므로, 이랬거나 저랬거나 불보살님이 보시기엔 보살펴 주고 깨달음으로 이끌어 주어야 할 중생이기는 마찬가지입니다.

의식은 바쁜 현대생활에 맞게 또는 각 절의 특수 사정에 따라 약간씩 다르게 진행되기도 하지만 대부분이 '대한불교조계종 통일법요집'에 기초한 천도재 의식 절차를 따르고 있습니다.

시련侍輦

먼저 시련은 천도재를 호위護衛하고 증명할 불보살님을 모시는 의식으로, 이때 특히 인로왕보살님을 모시고 영가를 도량으로 인도하여 불보살님께 나아가게 하는 의식입니다.

대령對靈

이때 먼 길 오신 영가들을 위해 앞서 간단한 요기를 하게 하고 법문을 듣는 순서가 있는데 이를 대령이라 합니다.

관욕灌浴

관욕은 자주 들어 익숙한 단어입니다. 영가가 부처님을 뵙기 전에 생전에 지은 심신心身의 때를 부처님의 비밀 신주神呪로써 깨끗이 씻어내고 새 옷으로 갈아입히는 목욕의식 순서입니다. 우리도 중요한 약속이나 사람을 만날 일이 있을 때 깨끗이 씻고 가는 이치와 같습니다.

신중작법神衆作法

그리고 나서 재가 끝날 때까지 일체의 장애와 마구니가 범접하지 못하여 천도재가 원만 회향될 수 있도록 신장님께 도량을 엄호해 달라는 기도인 신중작법이 있은 후

거량 擧揚

다시 영가들을 불러

설법 說法

부처님의 가르침을 들려주는데 스님들의 법문이나 독경이 있게 됩니다. 이때 주로 무상계無常戒 법문을 들려주는데 12인연법을 근거로 이승에서의 집착을 버리고 이고득락離苦得樂하라는 설법입니다.

상단예불 上壇禮佛

이것이 끝나면 곧 상단예불이 진행됩니다. 상단에 계신 부처님께 천도될 영가에 대해 부처님의 설법과 가피를 청하는 의식으로 삼보통청三寶通請이라고도 합니다. 이때 스님은 부처님을 대신하여 법을 설합니다.

중단퇴공 中壇退供

부처님께 공양이 끝나면 다음은 중단퇴공으로 이어집니다. 삼보를 보호하는 신중단의 화엄성중들께 예불을 드리는 순서입니다.

관음시식 觀音施食

이어서 영단을 향해 대중들이 앉아 극락도사 아미타불과 좌우보처左右補處인 관세음보살과 대세지보살을 함께 이르는 관음세지 양대 보살을 모시고 인로왕보살에게 망자들을 잘 인도해 달라는 부탁을 하며 부처님을 청하여 본격적인 시식을 시작합니다.

모든 의식의 절차가 다 그렇지만 시식은 마음을 관觀하며 기도에 임하는 것이 중요합니다. 많은 진언들로 준비된 공양물이 진언으로 향기로운 법식法食이 되어 청한 모든 영가들이 가장 필요로 하는 허기와 갈증을 충족시키고, 부처님의 법음法音을 듣게 하여 그들에게 자비심을 생기게 하니 모든 집착을 버림으로써 그들의 갈 길을 가게 하기 때문입니다.

봉송奉送

풍족한 음식공양과 부처님의 감로수 같은 법음을 들은 영가들에 대한 대접이 끝났으면 이제 보내드리는 일만 남았습니다. 반야용선에 오른 영가들을 서방정토 아미타 부처님의 특사特使인 인로왕보살이 극락세계로 인도하기 위해 기다리기 때문입니다. 이에 영가는 삼보 전에 하직인사를 하고 재에 동참했던 모든 대중은 법성게를 외우면서 영가를 전송합니다.

마지막까지 대중은 마음을 모아 영가들이 모든 찌든 번뇌망상을 버리고 훨훨 날아 더 나은 세상으로 가시기를 간곡히 기도하는 차례입니다.

위에서 보았듯이 의식이 진행되는 내내 들려주는 부처님의 설법은 그만큼 아직 미망迷妄에 사로잡혀 있는 영가들이 마음을 닦아 깨우치게 하기 위한 장치인 것입니다.

그러한 법음은 과연 영가에게만 해당되는 말씀일까요? 여러 번 강조했듯이 영가를 위한 법문인 동시에 바로 나 자신을 일깨우는 가르침이기도 합니다.

이것이 바로 천도재의 수승한 점으로서 망자를 생각하며 내 삶을 겸허히 돌아보는 계기가 되어 보다 안정되고 긍정적인 삶을 살 수 있게 합니다. 사람을 잃었다는 슬픔에 빠져 있기보다 그가 더 맑고 깨끗한 옷으로 갈아입는 기회라고 생각한다면 참으로 아름다운 마무리가 됩니다.

사람이 죽으면 '남들이 다 하니까' 한다는 식으로 그냥 따라하는 수동적인 자세에서 벗어나 이제는 천도재가 저승에 있는 영가의 천도를 돕고, 이승에서는 나 스스로 살아서 천도를 한다는 자세를 지녀야 합니다. 즉, 더 새롭게 거듭 태어난다는 보다 적극적이고 긍정적인 생각으로 행하는 하나의 실천 덕목이 되어야 하겠습니다.

　　　　生前有形質 생전유형질　死後無從跡 사후무종적
　　　　請入法王宮 청입법왕궁　安心坐道場 안심좌도량

　　　　생전 모습 죽고나니 어디에도 흔적없네.
　　　　법왕궁에 드셔서 편안히 앉으소서.

짧은 진언, 큰 공덕

• "스님, 천도재 할 때 무슨 말씀을 하시는지 도대체 알아들을 수가 없습니다. 한자도 아닌 이상한 주문 같은 것도 들리던데… 우리말로 좀 쉽게 알려주시면 안 될까요? 사실 알아듣지 못하니 지루하기도 합니다."

짧은 주문을 진언眞言, 긴 주문을 다라니, 그것을 통틀어 주呪 또는 주문呪文이라 합니다.

진언, 다라니는 불보살님의 진리의 가르침, 깨달음의 세계를 담고 있는 것으로 말로 표현하기도 어렵거니와 해석하는 과정에서 그 뜻의 심오하고 오묘한 의미가 변질되고 축소되는 것을 염려하여 소리글 그대로 사용하는 것입니다.

우리가 외우고 있는 주문은 산스크리트어를 음사音寫한 것입니다.

천도재에서 뿐만 아니라 우리가 수지 독송하는 『천수경』, 『반야심경』, 『화엄경』 곳곳에서도 많은 진언들을 찾아 볼 수 있습니다.

본래 진언이나 다라니는 8만 4천으로 불리는 불교의 방대한 가르침이 후대로 오면서 실제로 모든 경전을 암기하거나 독송하는 것이 어려워지자 경전의 내용을 짧은 구절을 통해 효과적으로 암기하기 위해 만든 수단이었습니다.

부처님의 가르침을 수지 독송하니 당연히 번뇌가 멸하고, 선을 일으켜 악을 누르는 심력心力을 갖게 되고, 지혜가 증장되어 자연히 재액災厄이 물러가고 공덕이 쌓일 수밖에 없는 결과가 나오는 것입니다.

한마디로 진언이나 다라니는 제불보살님의 가르침의 핵심으로 중생과 부처, 번뇌와 보리를 이어주는 다리의 역할을 합니다.

그래서 생전生前 업식業識으로 인해 생에 집착하여 괴로워하고 있는 영가에게 무상無常, 무아無我로 일체가 공空하다는 부처님 가르침을 일러주어, 어지러운 생각들을 다 내려놓고 밝은 지혜를 얻어 바른 길로 갈 수 있도록 인도해 주기 위해 천도재에서 아주 유용하게 쓰이고 있지요.

그런데 진리의 말씀을 전하는 이 비밀코드가 제대로 작동하여 기도의 힘으로 발현되기 위해서는 몇 가지 갖추어야 할 사항이 있습니다.

진언을 통한 기도의 힘은 '진언 그 자체의 힘'과 그렇게 되도록 마음으로 관하는 '관상력', 그리고 거기에 '삼보의 위신력'이 더해질 때 최대화됩니다.

진언을 통한 기도의 힘 = 진언력眞言力 + 관상력觀想力 + 삼보三寶의 위신력威神力

진언력眞言力은 '진언 고유의 에너지'를 뜻합니다. 진언은 부처님의 깨달음이나 서원을 나타낸 진실하고 거짓없는 말씀으로서 그 자체의 신비로운 힘을 가지고 있습니다. 그리고 모든 존재마다 고유의 에너지가 있듯이 이 진언에도 진언 고유의 에너지가 있습니다.

일단 진언의 힘에 나의 관상력을 보탭니다. 관상력觀想力은 한마디로 '삼매의 힘', '집중력'이며 나의 마음을 관함으로써 이루어집니다. 예를 들어 수위안좌진언을 할 때는 영가들을 정중히 모셔 편안히 앉도록 자리를 내어 드리는 것을 마음에 그립니다.

그리고 변식진언을 할 때는 선망 조상, 모든 유주무주 고혼영가들이 포만감이 들 만큼 드실 수 있도록 음식들이 불어나는 것을 관하며, 감로수진언을 할 때는 뜨거운 불이 시원한 생명수가 되게 하는 것을 동시에 관해야 합니다. 이렇게 마음으로 관하는 삼매에 들지 않고는 당체當體를 보기가 힘듭니다. 그리고 여기에 삼보의 위신력이 더해질 때 그 힘이 발휘되어 기도의 감응이 있게 됩니다. 삼보의 위신력이란 삼보가 갖추어진 정법도량에서 스님들이 함께 염불함으로써 받게 되는 기운을 말합니다.

재를 지내더라도 법당에서 스님들이 여법하게 지내는 것과 그렇지 않은 경우와는 분명 큰 차이가 있습니다.

「다라니」나 『금강경』을 정성껏 사경한 후 바로 부처님께 올려도 되지만 종무소에 접수하여 축원장을 올리는 것은 스님들의 축원을 통하여 받게 될 더 큰 삼보의 위신력을 기대하기 때문입니다.

'절은 다 똑같다'라고 하는데 그럴 리가 없습니다.
무당집에 모셔놓은 부처님도 부처님이지만 그 기운과 청정도량에 모셔져 있는 부처님에게서 발현되는 에너지가 어찌 똑같을 수 있겠습니까!
그 법륜을 굴리는 만큼입니다. '부처님의 가르침을 얼마나 제대로 실천하고 있는가'에 따라 달라집니다. 부처님의 가르침과 가피는 시공간을 초월하여 한결같고 일관됩니다. 단지 중생의 그릇만큼 따라오듯이, 도량도 정법을 지키고 여법하게 법륜을 굴리면 그만큼의 감통력感通力이 생기는 것입니다. 이것이 부처님의 평등가피입니다. 이렇듯 삼보의 위신력도 나타낼 만한 공간에 따라 각각 다르게 나타납니다.

모든 기도의 요체는 정성입니다. 진언을 통한 기도를 함에 있어서도 그 진언의 힘만 믿지 말고 집중력과 관상력, 즉 나의 정성을 쏟아야 합니다. 거기에 삼보의 위신력이 더해지면 진언에 힘이 실리게 됩니다. 진언을 통한 기도의 힘을 받으려면 삼보의 힘이 반드시 가미되어야 한다는 것을 잊지 말아야 하겠습니다. 짧은 진언이지만 큰 공덕이 있기 때문입니다.

修仁蘊德龍神喜 수인온덕용신희
念佛看經業障消 염불간경업장소
如是聖賢來接引 여시성현래접인
庭前高步上金橋 정전고보상금교

인을 닦고 덕 쌓으니 신장들이 기뻐하고
염불하고 경 외우니 모든 업장 소멸되어
오늘 다시 성현들이 친히 맞아주시오니
뜰 앞을 성큼 뛰어 보배다리 오르도다.

비밀한 가지 加持
관음시식

• "宣密加持선밀가지 身田潤澤신전윤택 業火消滅업화소멸 各求解脫각구해탈, 비밀한 가지를 베푸오니 몸과 마음 윤택하여져 업의 불길 소멸하여 각자 해탈을 구하소서."

관음시식에 들어가 영가들에게 법향 가득한 공양물을 베풀어 위로하고 불보살님의 가르침을 들려주어 깨달음에 들 것을 권하는 게송입니다.

천거할 천薦, 법도 도度, 재계할 재齋, 즉 부처님의 위신력으로 가피를 입어 죄를 맑히고 좋은 길로 안내를 받는 천도재 의식은 그 의미를 알고 동참하는 것 또한 중요합니다.

대상이 영가이기 때문입니다. 영가들은 우리들과 마음으로 대화를 합니다.

그러므로 영가를 위한 법회를 하는 동안 청정한 마음을 실어 천도의식을 따라 천도하는 데 힘을 아끼지 말아야 합니다.

부처님 또한 힘을 아끼지 않습니다.

비밀한 가지를 베풀어 그들에게 꼭 필요한 부처님의 부드러운 음식이 되게 해주시고, 미묘한 법문 또한 감로수 되어 기꺼이 좋은 길의 안내자가 되어주십니다.

宣密加持선밀가지 身田潤澤신전윤택, 비밀한 가지를 베푸오니 몸과 마음 윤택하여져

'가지加持'는 뜻이 함축된 단어입니다. '가加'는 '부처님이 자비를 베풀어 힘을 준다'는 가피加被와, '부처님이 힘을 베풀어 보호하고 도와준다'는 가호加護의 줄인 말로 '부처님이 은혜를 베풀어주시는 것'을 말합니다.

'지持'는 섭지攝持의 줄인 말로 '중생이 불보살님의 위력을 받다'라는 뜻이 들어 있습니다.

한마디로 '가지'란 상호 주고 받은 교감이 있는 것으로, 부처님의 가호와 가피로써 힘을 받는 것을 말합니다. 그래서 '선밀가지'란 부처님의 서원이 담긴 비밀스런 주문의 가피를 받아 중생이 이익된다는 말입니다. 그것은 부처님이 주신 은혜와 중생이 그 은혜를 받는 마음이 일치된, 청정 그 자리입니다.

그러므로 영가들은 그러한 가지加持에 의해 변화된 향기로운 음식을 먹음으로써 굶주림을 면하여 몸이 기름지고 윤택해지는 가피를 받는 것입니다.

業火消滅업화소멸 各求解脫각구해탈, 업의 불길 소멸하여 각자 해탈

을 구하소서

부처님의 비밀한 말씀으로 올린 공양물이 청정 법식法食으로 정화되었으니 미묘 법문의 위신력으로 궁극에는 업의 불길을 소멸하여 번뇌를 쉬고 모두 각각 해탈을 구하라는 말입니다.

일체의 집착을 떨친 행복의 세계입니다.

부처님의 위신력에 힘입어 목마름과 배고픔을 달래어 업이 소멸되니 윤회하는 마음을 씻어내는 것입니다.

그리하여 고요하고 맑은 마음이 그대로 드러나니 청정해진 그 마음이 곧 부처님 마음이 되는 것입니다.

천도재를 지내는 궁극적인 목적을 밝히고 있습니다.

경전독경과 법문을 포함한 염불과 공양으로 구성되어 있는 재 의식은 어둠에 갇혀 있는 망자들에게 빛이 되어 마음을 돌리게 하니, 참회하고 깨달음을 얻어 새로운 세계로 나아가게 합니다.

불佛·법法·승僧에 의지해 하는 천도재이므로 삼보三寶에 지극한 믿음으로 귀의하는 것은 당연한 이치입니다.

그러므로 삼보의 소중함을 되새기고 감사의 마음 또한 잊어서는 안될 것입니다.

    一切萬法일체만법　不生不滅불생불멸
    일체 만법이 하나도 생겨나고, 멸하는 것이 없도다.

4진언四眞言
관음시식

- 　　　조상 천도 기도는 단순히 하루 동안 영가를 불러 융숭하게 음식 대접을 하고 일일효도관광을 시켜 드리는 것이 아닙니다.

부처님의 서원이 들어 있는 비밀한 말씀인 진언眞言과 함께 법식을 제공하여 진여법계眞如法界의 실상實相을 깨달아 업의 불길을 끄고 윤회의 마음을 씻어내기 위함입니다.

영단에 차려놓은 공양물을 영가들이 직접 드시겠습니까?

그 음식공양이 원만히 성취되게 하기 위해 불보살님의 가호를 바라며 목마른 갈증을 없애주고 굶주린 허기를 달래주는 미묘한 말씀이 있으니 그것이 중요한 4진언입니다.

변식진언 變食眞言
시감로수진언 施甘露水眞言
일자수륜관진언 一字水輪觀眞言
유해진언 乳海眞言

이 진언의 출처는 『불설구발염구아귀타라니경佛說救拔焰口餓鬼陀羅尼經』으로 아귀에게 공양하는 다라니인 4진언을 설하신 경위와 그 공양 절차를 밝히고 있는 경입니다.

부처님이 가비라성迦毘羅城에 계실 때, 부처님 10대 제자 중 다문제일多聞第一인 아난 존자가 삼경이 지나 혼자 거처에 있을 때, '염구'라는 아귀가 찾아옵니다.
"그대는 3일 뒤에 죽어서 아귀의 몸을 받을 것이다."
이 말에 아난 존자가 크게 놀라 물었습니다.
"어떻게 하면 그 고통을 면할 수 있는가?"
"그대가 우리를 위해 삼보전에 공양하고 한량없는 천지사방에 있는 아귀들에게 음식을 베풀어 배부르게 해준다면 그대의 수명은 연장되고, 우리도 아귀의 고통을 면하고 하늘 세계에 태어나게 될 것이다."
아난이 부처님께 이 일에 대해 어떻게 해야 할 지를 여쭈었습니다.
"두려워하지 말라. 방편으로 진언을 일러주리니 20자로 된 짧은 이 진언은 전생에 관세음보살과 세간자재위덕불에게 전해들은 것으로 많은 음식을 공양할 수 있노라."
이어서 부처님께서는 이 진언의 공덕을 설하고 아귀들에게 공양하는 절차를 소상히 일러 주십니다.

"만일 이 진언으로 장수하기를 바란다면, 청결한 그릇에 맑은 물을 담고 거기에 밥이나 떡을 조금 띄워 오른손에 들고 일곱 번 진언을 외운 후 다보여래多寶如來, 묘색신여래妙色身如來, 광박신여래廣博身如來, 이포외여래離怖畏如來, 감로왕여래甘露王如來 다섯 부처님의 명호를 부를지니라. 그리고 땅을 향해 손가락을 일곱번 튕기고 나서 음식을 깨끗한 곳에 부어 버릴지니 이와 같이 하면 아귀들에게 각각 49섬의 음식이 돌아가 배부르게 먹고 천상에 태어나게 되느니라."

그때 일러주신 진언이 바로 변식진언입니다.

음식을 변화시키는 변식진언變食眞言
나무 살바다타 아다 바로기제 옴 삼바라 삼바라 훔

본래는 '무량위덕無量威德 자재광명승묘력自在光明勝妙力 변식진언變食眞言'으로서 무량한 위덕과 자재한 광명, 빼어나고 묘한 힘으로 일체의 영가들이 부족함 없이 공양할 수 있도록 음식의 질과 양을 변하게 하는 진언이라는 뜻입니다. 그래서 밥 한 그릇이 7그릇이 되고, 7그릇이 49그릇이 되는 등 계속해서 배수로 늘려나가게 하는 힘이 있습니다.

재를 지낼 때 물론 정성껏 차리긴 하지만 한두 그릇의 공양으로 어떻게 한량없는 영가가 나눠 먹을 수 있겠습니까?

한 그릇으로도 충분한 양이 되고 세속의 거친 음식이 부드러운 음식이 되도록 해주는 이 변식진언이 있기에 가능합니다.

집에서 제사를 지낼 때 사정이 여의치 않아 밥 한 그릇, 떡국 한 그릇이나 하다못해 물 한 잔이라도 올리고 이 변식진언을 정성껏 읽거나 종이에 써서 붙여놓으면 조상님들이 흡족하게 드실 수 있는 공양으로 됩니다. 즉, 변식진언 하나만 제대로 알고 있어도 큰 공덕이 되는 것입니다.

공양 올리는 음료수가 감로수로 변하는 시감로수진언施甘露水眞言
나무 소로바야 다타아다야 다냐타 옴 소로소로 바라소로 바라소로 사바하

감로수는 생명수의 의미를 지니며 범어로는 '암리타Amrita'라고 합니다. 차를 올리며 시감로수진언을 외우면 그 차가 감로수로 변하여 기갈만 면하는 정도가 아니라 영원히 늙지도 죽지도 않는 생명의 물을 마시게 되는 것입니다.

그런데 하늘사람은 물을 유리 궁전으로 보고, 사람은 물을 물로 보고, 물고기는 물속에 살면서도 물을 보지 못하고, 영가는 물을 불로 본다 합니다. 그래서 영가는 물을 마시려 하지 않으므로 시감로수진언을 외워 감로수가 되게 하여 그들의 목타는 갈증을 달래주

는 것입니다.

절집에서 발우공양을 할 때 퇴수기에 한 티끌도 남아 있어서는 안 되는데, 모인 퇴수는 아귀에게 주는 공양물이기 때문입니다. 바늘구멍만한 아귀의 목이 막히지 않게 하기 위한 배려입니다. 스님들이 발우를 씻을 때 부르는 노래가 있습니다.

"我此洗鉢水아차세발수 如天甘露味여천감로미
施與餓鬼衆시여아귀중 皆令得飽滿개령득포만
나의 이 발우 씻은 물은 하늘의 감로수 맛과 같으니
너희 아귀들에게 주어 다들 배부르게 하노라."

굶주린 중생에 대한 자비심은 이렇게 생활 속에서도 묻어나옵니다.

수륜관을 통해 일심으로 공양 올리는 일자수륜관진언一字水輪觀眞言

옴 밤 밤 밤밤

'일자수륜관진언'의 '일자一字'란 '밤'이라는 한 글자를 말하고 '수륜水輪'이란 대지를 받치며 땅밑에서 흐르고 있는 물을 말합니다. '일자수륜관진언'을 직역하면 '일자의 수륜을 관하는 진언'이라는 뜻입니다. 이 말은 '밤이라는 한 글자로부터 대지를 받치고 있는 물만큼 많은 감로제호가 유출되는 것을 관하는 진언'이라는 말입니다.

　물은 생명의 근원입니다. 물은 생명을 자라게 하고 풍요와 윤택함이 있게 합니다. 그러므로 수륜은 생명력을 담은 감로제호로 손색이 없는 것입니다. 여기서 제호란 우유를 정제할 때 나오는 다섯 가지 단계의 제품 중에서 가장 영양가 높고 최고의 맛을 내는 것을 말합니다. 최고의 완성이라는 의미에서 열반이나, 부처님의 경전 중 백미로 꼽히는 『법화경』을 비유하여 말할 때도 쓰입니다.

　일자수륜관진언은 마중물과 비슷합니다. 지금은 보기 힘들지만 예전에 펌프로 지하수를 끌어올려 사용하던 시절이 있었습니다. 펌프질을 하려면 한 바가지 정도의 물을 먼저 넣었는데 이 물을 마중물이라 합니다. '밑에서 올라오는 물을 맞이하러 나가는 물'이라는 뜻입니다. 마중물을 넣고 펌프질을 하면 물이 콸콸 나오는 것처럼 많은 감로제호가 물처럼 펑펑 유출되는 것을 관하는 진언이 수륜관진언이라 할 수 있습니다. 변식진언을 외움으로써 양과 질이 변해지는 것처럼 한 잔의 감로제호가 일자수륜관진언을 통해 수천, 수 만 잔 그 이상의 생명수가 되어 수많은 영가의 업식을 녹여 굳어진 몸과 마음을 풀어 청정해지고 윤택해지도록 공양을 돕는 것입니다.

제호의 바다를 이루게 하는 유해진언乳海眞言
나무 사만다 못다남 옴 밤

일자수륜관진언을 외워 펑펑 쏟아져 나온 감로수가 그대로 흘러 가버린다면 무슨 소용이겠습니까? 물을 가둬두어야 요긴하게 쓸 수 있지 않겠습니까?

'유해진언'이란 제호의 바다를 이루는 진언으로 펌프질하여 유출된 많은 제호 즉, 진리의 우유가 바다같이 큰 그릇을 이루어 모든 공덕이 이 음식으로부터 비롯되기를 발원하는 것입니다. 또한 유해乳海는 밀교의 용어로 대일여래大日如來의 지혜의 덕을 일컫는 말로 바로 지혜의 물을 상징하기도 합니다. 그리하여 영가들이 흠향한 음식들이 최고의 맛을 가진 영양가 높은 음식이 되어 궁극에는 지혜를 얻으라는 의미를 지니고 있습니다.

4진언을 살펴보면 부처님의 위신력으로 영가들에게 올린 공양물이 법식法食으로 정화되어 헛되지 않고 영양가 높게 쓰여 업을 맑힐 수 있도록 그에 합당한 예를 갖추며 순차적으로 구성되어 있습니다.

정확한 뜻을 알 수 없는 이런 진언들을 염송할 때는 입만 움직여서는 안 됩니다. 4진언의 요체는 청정한 집중력을 갖고 마음을 관하는 것입니다.

특별한 마음을 내어 올린 조상 천도 기도가 공염불이 되어서야 되겠습니까.

慈光照處蓮花出 자광조처연화출
慧眼觀時地獄空 혜안관시지옥공
又況大悲神呪力 우황대비신주력
衆生成佛刹那中 중생성불찰나중

자비광명 비추는 곳 연꽃은 피고
지혜 눈길 이르는 곳 지옥 없어라.
그 위에 대비신주 위력 떨치니
중생들이 찰나 중에 성불하도다.

다섯 여래의 명호를 함께 부르는 이유
관음시식

• 천도재 의식 절차에 의해 법단에 차려진 거친 세속의 공양물이 부처님의 미묘한 4진언에 의해 부드럽고 감미로운 법식이 되어 영가들이 그것을 흠향할 때, 영가들에게 부처님의 명호를 들려주기 위해 모시는 다섯 부처님이 계십니다.

그 부처님들의 위신력으로 영가의 배가 부르고 식識이 맑아지니 기꺼이 부처님의 명호를 드러내며 찬탄하는 것입니다.

이것을 '칭양성호稱揚聖號'라 합니다. 이것의 출처 또한 『염구아귀경焰口餓鬼經』으로 앞서 보았듯이 아난이 죽어 아귀의 몸을 받지 않게 하기 위한 방편으로 부처님께서 4진언을 일러주시고 이어 다섯 부처님을 모셔 영가들에게 그 명호를 들려주게 합니다.

나무다보여래 南無多寶如來
나무묘색신여래 南無妙色身如來
나무광박신여래 南無廣博身如來
나무이포외여래 南無離怖畏如來
나무감로왕여래 南無甘露王如來

이러한 방편을 가르쳐주신 부처님은 이어서 모든 비구 비구니, 우바새 우바이가 4진언과 부처님 명호를 외우면 한량없는 아귀가 법식을 배불리 먹고 고통에서 벗어나 하늘에 나게 된다고 했습니다. 그리고 부처님께 올린 공덕과 마찬가지로 수승하여 재를 올린 사람은 수명과 복덕이 늘 것이라 말씀하셨습니다. 아난 존자는 부처님이 가르쳐주신 대로 하여 액厄을 면하여 3일 후에 죽지도 않고 40여 년 동안 부처님을 정성껏 시봉할 수 있었던 것입니다.

앞에서 칭양한 부처님의 명호는 불과佛果를 이루어 갖추신 부처님의 지혜를 나타내는 것인데, 그 각각의 그 공덕이 있으니 영가가 부처님께 귀의하여 실답게 믿어 마음을 맑혀 갈 길을 제대로 갈 것을 권하고 있습니다.

南無多寶如來 나무다보여래　願諸孤魂 원제고혼
破除堅貪 파제간탐　法財具足 법재구족
다보여래께 지심귀의하오니 원컨대 모든 고혼들이여,
모든 인색함과 탐욕을 버리고 법의 재물을 구족하소서.

南無多寶如來 나무다보여래　다보여래께 지심귀의하오니

다보여래는 평등성지平等性智를 나타내는데, 남과 나에 대한 차별을 버리고 평등 자비심을 베풀어 주시는 부처님께 귀의함으로써 인색과 탐욕을 떨쳐버리게 되는 것입니다.

願諸孤魂원제고혼 원컨대 모든 고혼들이여

고혼은 의지할 곳 없이 떠돌아 다니는 외로운 넋을 말합니다. 천도되지 못하고 이승에 미련과 집착이 많이 남아 항상 우리 주변을 서성이며 영향을 주고 있습니다. 죽을 때 잘 죽지 못한 까닭입니다.

여기서 '제고혼'이란 선망 조상은 물론 우주법계의 모든 인연 있는 유주무주 고혼을 말합니다. 차려진 법석에 모든 인연 있는 영가들도 함께 불러 천도하려는 배려에서 제고혼을 청하는 것입니다.

破除堅貪파제간탐 모든 인색함과 탐욕을 버리십시오

영가는 자기가 죽었을 때 살아생전의 관념을 가지고 가기 때문에 그 모습을 그대로 대물림시키려는 본능을 가지고 있습니다. 특히 자연사自然死와 구분되는 모든 죽음이 그렇습니다.

예를 들면 어떤 사람이 자살한 장소에서 똑같이 따라 자살을 하고, 꼭 사고가 나는 그 지점에서 교통사고가 많이 나고, 물놀이 사고가 잘 나는 곳이 있는데 알고 보니 몇 년 전 거기서 누군가 똑같은 사고를 당했다는 실례들이 그것을 입증합니다.

이 모든 것이 '탐심' 때문에 비롯된 것입니다. 살아 있을 때의 관념을 버리지 못하고 집착하는 영가의 탐심으로 인해 일어나는 일입니다. 탐심이 과하면 죽은 뒤에 어떻게 될지에 대해서도 잘 생각해 볼 일입니다. 탐심이 너무 지나치면 결국엔 허기지게 되어 있습니

다. 그 질긴 탐심은 업의 굴레를 돌고 돌며 살아서나 죽어서나 말썽입니다.

과연 우리의 욕심은 얼마나 될까요?

호떡을 파는 아주머니가 있었습니다.

추운 겨울날, 행인도 없는데 늦게까지 문을 열고 있는 그 포장마차 앞을 지나가던 어느 노신사가 안으로 들어가 호떡을 살 듯하며 천원을 내밀자 아주머니가 호떡을 싸주려고 했습니다.

"괜찮습니다. 호떡은 나중에 먹지요."

그 노신사는 쑥스러워하며 얼른 그곳을 나와 집으로 갔습니다. 순수한 마음에서였습니다. 그 후로도 그 길을 지날 때마다 슬그머니 천원을 밀어놓고 호떡은 다음에 먹겠다며 그냥 가기를 일년 가까이 하던 중 어느덧 해가 바뀌었습니다.

설날이 지난 며칠 후 그 아주머니는 여전히 이른 시간부터 나와서 장사를 하고 있었습니다. 여느 날과 마찬가지로 노신사가 천원을 두고 저만치 가는데 그 아주머니가 큰 소리로 그 노신사를 불렀습니다. 노신사가 돌아보자 아주머니는 능청스레 말했습니다.

"호떡 값 올랐는데요."

이것이 바로 인간의 탐심입니다.

그 뒤로 호떡 파는 아주머니는 그 노신사를 다시 볼 수 없었다고 합니다. 분에 넘치는 염치없는 욕심으로 본인만 추해지고 손해를 본 것입니다. 결국 탐심이란 자기 손해요, 자기 파멸을 자초하는 것입니다.

영가들도 탐욕을 버리지 않는 한 업의 윤회를 그칠 수 없게 됩니다. 그래서 일체의 평등을 깨달아 대자비심을 발하는 다보여래의 법력에 의지하는 것입니다.

法財具足법재구족 법의 재물을 구족하소서

황금 보화가 아무리 좋다고 한들 저승에 가져갈 수도 없고, 영원하지도 못합니다. 그리고 그것이 인간의 모든 욕심을 완전히 만족시켜 줄 수도 없습니다. 그렇다면 진정 가치 있고, 영원하고, 아무리 써도 고갈되지 않는 것은 무엇이겠습니까?

바로 '법法의 재물, 부처님의 가르침' 입니다.

우리가 망자를 위해서 법의 재물을 안겨드릴 수 있는 가장 좋은 방편으로 법보시만한 것이 없습니다. 바로 천도재입니다. 천도재 내내 들려주는 부처님의 가르침은 번뇌와 집착을 끊는 최고의 재물로서 영원한 행복의 길을 제시하기 때문입니다. 또한 가시는 길에 더욱 큰 공덕이 되기 위한 회향으로서, 영가의 이름으로 부처님의 진리가 들어 있는 경전이나 책을 주위에 나누어주는 법보시도 큰 의미가 있는 일입니다.

한국불교대학이 창건된 이래 첫해부터 지금까지 초파일날 연등

공양에 대한 보답으로 하는 법보시를 한 번도 거른 적이 없습니다. 신도님들로부터 받은 재보시財布施를 법보시法布施로 회향하였으니 절이 오히려 더 큰 복을 짓게 된 것입니다.

법의 재물을 공양 올리는 법보시 공덕은 참으로 큰 것입니다.

법의 재물만이 완벽하고 영원합니다.

南無妙色身如來나무묘색신여래 願諸孤魂원제고혼

離醜陋形이추루형 相好圓滿상호원만

묘색신여래께 지심귀의하오니, 원컨대 모든 고혼들이여,

추하고 더러운 형상 벗고 모습이 원만하게 좋으소서.

南無妙色身如來나무묘색신여래 묘색신여래께 지심귀의하오니

묘색신여래는 대원경지大圓鏡智를 나타내는 부처님입니다. 이 부처님께 귀의하면 한 점의 티끌도 없는 거울에 삼라만상森羅萬象이 그대로 비치는 지혜를 얻으므로, 원융圓融하고 밝고 맑은 모습이 투영되어 원만한 모습을 갖게 되는 것입니다.

離醜陋形이추루형 추하고 더러운 형상 벗고

"아귀의 모습은 업연業緣으로 굶주리고 목마르기 때문에 양 눈이 푹 꺼지고 머리카락은 길게 자라 산발한 채로 동서로 뛰어다닌다."

용수 보살의 『대지도론大智度論』에 나오는 영가의 모습, 아귀의 모습입니다. 얼마나 추하고 흉한 형상입니까?

만약 사고로 비명횡사非命橫死한 사람이 있다면 그를 위해 반드시 천도재를 지내야 합니다. 왜냐하면 갑작스런 죽음으로 영가 자신이 죽음을 인정하지 않고 주변 인연을 괴롭히며 다음 생까지 연결될 수도 있기 때문입니다. 그러니 추하고 흉한 형상으로 떠도는 고혼들을 위해 나무묘색신여래를 정성껏 칭양하면 그 위신력으로 그들의 모습은 아주 좋아지게 됩니다.

사람도 억울하거나 원통하면 인상이 험하게 변하듯 영가들도 마찬가지입니다. 세상에 나와 보지도 못하고 엄마의 태중에서 죽임 당한 어린 영가들의 모습도 그러합니다.

『잡아함경雜阿含經』에 있는 소경小經인 『타태경墮胎經』에는 분명하게 낙태에 대한 경고를 하고 있습니다.

목련 존자가 왕사성 근처 영축산의 지류인 키차쿠타산에서 수행정진하다가 하루는 라카나 비구와 함께 탁발을 나갔습니다. 그런데 길을 가고 있는 목련 존자 눈앞에 이상한 물체가 순간 나타났다가 사라지는 것이었습니다. 영가였습니다. 온몸에 가죽은 하나도 없고, 커다란 몸집의 살덩이 같은 것이 허공 중에 돌아다니고 있었습니다.

'참으로 가엾은 중생이로구나!'

한참동안 허공을 보고 혼자 중얼거리는 목련 존자의 모습에 같이 간 비구는 이상하다고 여길 뿐이었습니다.

그런 일이 있은 후 목련 존자는 자신이 본 이상한 영가의 형상에 대해 부처님께 그 사연을 여쭈었습니다.

"그 중생은 과거 세상에 왕사성에서 살았는데, 수태된 생명을 죽인 죄로 말미암아 지옥에 떨어져서 많은 세월 동안 한없는 고통을 받았고, 지금 그 몸을 받아 남은 죄로 말미암아 큰 고통을 받고 있는 것이니라."

목련 존자가 본 이상한 형상의 중생은 낙태를 한 사람의 업신業身이었고, 자신도 낙태아가 되는 과보를 받는다는 것을 보여주고 있습니다.

이런저런 이유로 아무런 죄의식도 없이 많은 여성들이 낙태를 서슴지 않고 합니다. 하지만 어떠한 이유라도 생명의 가치를 넘어설 순 없습니다. 만약에 낙태를 했다면 지장재일에 위패를 모시고 반드시 천도재를 지내야 합니다. 경經을 통해 보았듯이 그렇지 않으면 살아 있는 사람에게도 그에 상응하는 과보가 닥칠 가능성이 있기 때문입니다.

相好圓滿상호원만 모습이 원만하게 좋으소서

누구든지 부처님을 뵈면 마음이 편안해지고, 좋지 않은 심사가 사라지고, 믿고 의지하고 싶은 마음이 생긴다고 합니다.

제 아무리 빼어난 미남미녀를 데려온들 부처님의 원만하고 수려한 모습에는 비길 바가 아닙니다. 꾸민 육신은 세속적이고 유한하기 때문입니다. 반가사유상의 사유하는 미소와 석굴암 부처님의 중후한 미소를 비롯하여 모든 부처님의 미소는 온 우주를 품은 듯 신비롭기까지 합니다. 그 원만상호에서 사람들은 안정과 평화를 얻습니다.

우리 주변에서 법당에 자주 나와 기도를 많이 하신 분들 보면 그 전보다 인상이 많이 부드러워졌다거나 얼굴빛이 맑고 화사해졌음을 느낀 적이 있을 겁니다. 눈으로 내가 부처님을 친견하고 관觀하고 기도를 함으로써 사진을 찍듯 마음에 각인하여 부처님을 닮아가기 때문입니다.

부처님은 수행공덕으로 자비와 복덕과 지혜를 구족하신 분이므로 부처님께 귀의하면 상호가 원만해질 수밖에 없습니다.

부처님 몸의 상호相好를 32상 80종호라 하여 몸의 공덕이 한량없이 큰 길상을 의미합니다. 이러한 부처님의 훌륭한 용모는 우연히 이루어진 것이 아니라, 다겁생에 걸쳐 쌓은 선근善根과 수행공덕의 결과입니다. 즉 부처님 상호를 관觀하는 것이 곧 부처님 마음을 닮는 것이기에 대원경지의 원만한 지혜를 얻을 수 있는 것입니다. 그러므로 겉으로 추한 모습을 벗는 것은 물론 오랜 세월 묵은 마음의 찌꺼기까지도 말끔히 없애는 공덕이 있게 되는 것입니다.

南無廣博身如來나무광박신여래 願諸孤魂원제고혼
捨六凡身사육범신 悟虛空身오허공신
광박신여래께 지심귀의하오니 원컨대 모든 고혼들이여,
여섯 가지 범부의 몸 버리고 법신에 계합하소서.

南無廣博身如來나무광박신여래 광박신여래께 지심귀의하오니

광박신여래는 법계지法界智를 나타내는 부처님으로 '나'라는 생각의 집착을 떨쳐버리게 하니, 이 부처님께 귀의하면 결국 공성空性을 깨닫게 되는 것입니다.

捨六凡身사육범신 여섯 가지 범부의 몸을 버리고

잠시도 쉬지 않는 우리의 번뇌망상은 천天, 인간, 아수라, 축생, 아귀, 지옥의 육도윤회를 하게 하는 업의 원동력입니다.

육도를 헤매다 지금 사람 몸 받았을 때, 그래서 할 수 있을 때 탐·진·치의 중독에 빠져 번뇌에 시달리지 말고 부처님의 가르침을 해독제로 삼아 깨어나야 합니다. 윤회의 고苦를 벗어나는 깨달음을 얻는 데 있어서 핵심은 집착을 놓는 것입니다.

살아있거나 죽었거나 간에 집착이 가장 큰 기도 숙제이고 떨치기 어려운 것입니다. 집착만 놓아버리면 그 순간 우리는 실로 모든 것에서 자유로워질 수 있습니다. 우리가 아직 깨우치지 못했을지라도 부처님께 귀의하고 보살님께 의지하여 열심히 기도를 하다 보면 어느 순간 집착이 사라지는 것을 체험하게 됩니다. 그런 상태를 지속하면 마음속의 업장이 녹아 일상생활 속에서도 자유를 누리게 될 것입니다.

悟虛空身오허공신 법신에 계합하소서(깨달음을 얻으소서)

번뇌망상과 집착만 쉬면 그대로 진리의 세계인 법신에 계합하게 됩니다.

영가로 하여금 집착을 놓게 하는 가장 중요한 경이 『금강경』입니다. 『금강경』의 본래 명칭은 『능단금강반야바라밀다경能斷金剛般若波羅蜜多經』으로 '능히 번뇌와 집착을 단단한 금강석(다이아몬드)처럼 견고한 지혜로 벼락같이 단번에 잘라내어 피안에 도달하는 방법을 설한 경전'입니다.

코살라국의 타사이 왕이 자신의 조모가 세상을 뜨자 장례를 치르고 부처님을 찾아갔을 때, 부처님께서 말씀하셨습니다.

"모든 중생은 목숨이 붙어 있을 때 선행을 쌓으면 좋은 세상에 간다. 훌륭하고 묘한 도를 닦아서 번뇌가 다하면 윤회가 없는 열반에 들 것이다."

물론 살아서 불법에 의지하여 선행을 쌓고 도를 닦으면 그보다 좋은 일은 없겠지만, 그렇지 못하고 세상을 떠났더라도 기회는 있습니다. 이미 돌아가신 영가는 살아 있는 존재보다 아홉 배 이상 의식이 또렷해져 있어 부처님 법문을 아주 잘 알아듣습니다. '귀신같이 안다'는 말이 바로 이 때문입니다. 그리고서 '아, 이제 내가 갈 길을 가야겠구나, 내가 참회해야겠구나!' 하고 크게 각성을 합니다. 그래서 영가법문을 하는 것입니다.

『금강경』은 정작 공空이란 글자를 한 글자도 보이지 않으면서 처음부터 끝까지 공을 이야기합니다.

현상계의 모든 것은 고정불변한 것이 아무것도 없으니, 나 자신을 포함하여 모든 것이 실재實在한다는 착각에서 벗어나야 한다는 말입니다. 모든 존재는 꿈, 물거품, 그림자, 이슬, 번개와 같으니 집착을 끊고 실상實相을 보라는 가르침입니다.

그리고 『금강경』은 말합니다.

"이 경의 수지공덕受持功德에 대해 말하면 마음이 혼란스럽고 의심스럽겠지만 마땅히 알라. 이 경의 뜻은 가히 헤아릴 수 없으며 과보도 또한 가히 헤아릴 수 없다."

이렇듯 『금강경』을 많이 독송하고 사경하면 바로 법신에 계합할 수 있다는 믿음을 가져도 좋습니다. 육조 혜능 스님을 비롯하여 수많은 선지식들이 이 『금강경』을 인연하여 진리를 깨쳤습니다. 부처님께 다가가는 곧바른 길이 있고 무량공덕이 있는 경전입니다.

그러한 믿음으로 수지독송하면서 좋은 생각만 하고 좋은 말만 하고 좋은 행동만 한다면 반드시 좋은 곳에서 좋은 모습으로 다시 태어나게 됩니다. 무엇보다 생각이 중요합니다. 생각대로 되어 집니다.

南無離怖畏如來나무이포외여래 願諸孤魂원제고혼
離諸怖畏이제포외 得涅槃樂득열반락
이포외여래께 지심귀의하오니 원컨대 모든 고혼들이여,
모든 두려움을 떠나 열반의 즐거움을 얻으소서.

南無離怖畏如來나무이포외여래 이포외여래께 지심귀의하오니
이포외여래는 성소작지成所作智를 나타내는 부처님으로서, 그때그때 당면한 현장상황에 따라 말과 행동을 올바르게 하고 중생을 이익되게 하여 최종적 깨달음이 있게 하니, 이 부처님께 귀의하면 열반의 즐거움을 얻게 되는 것입니다.

離諸怖畏이제포외 得涅槃樂득열반락 모든 두려움을 떠나 열반의 즐거움을 얻으소서

사람의 몸을 벗었을 때 갈 길을 제대로 알도록 천도재를 해주어 편한 세상으로 가면 좋겠지만, 죽음의 세계에 접어든 영가들 중에는 자손이나 인연 있었던 사람이 살아 있어도 돌봐주지 않거나 아

예 자손도 없고 돌봐줄 사람이 없어 홀로 떠돌아 다니는 외로운 영가들이 있습니다. 그들을 유주무주有住無住 고혼孤魂이라 합니다. 그러한 영가들은 이승에서 몸을 버린 것을 당황해 하고 두려움을 느끼며 육신에 대한 집착을 보이고 정처없이 헤매어 다닙니다.

갈 곳을 찾지 못한 외롭고 차갑고 고통스러운 영혼들이지요. 그들은 인연처를 찾아 우주법계를 떠돌다가 머물기에 적당한 사람을 만나면 의탁依託을 하려 합니다. 그렇게 영가의 음습한 기운이 어떤 살아 있는 사람의 몸에 숨어 들어가는 것을 '빙의憑依'라 합니다. 즉, 영가의 두려움 때문에 빙의가 일어납니다.

그리고 자신의 심지心志가 약하면 과거 악업에 따른 업병業病이 나타나게 됩니다. 빙의가 되거나 업병이 생기면 뚜렷한 병명이 없는 원인 모를 병에 걸려 몸이 시름시름 아프게 됩니다. 꿈속을 헤매기도 하고 꿈속에서도 아프다가 나중에는 그러한 것이 문제가 되어 우울증이 오기도 하고 심하면 호흡곤란 증세를 보이기까지 합니다. 그런 증상들은 거의 '빙의' 아니면 '업병'에서 연유하는 것입니다. 그럴 경우에는 다른 방법이 없습니다. 이런저런 말에 현혹되지 말고 정법도량에 의지하여 부처님이 계신 법당에 와서 살면 됩니다.

스님들 중에도 출가 전에 그런 신병으로 죽을 고생을 하다가 출가하여 스님이 된 후에 병을 말끔히 고친 사람들이 많이 있습니다. 그 이유는 스님들이 하루 24시간을 절에서 생활하기 때문에 가능한 것이었습니다.

 절 안에는 부처님의 기운은 물론이려니와 늘 신장이 지키고 있어서 그런 삿된 기운이 활동을 제대로 못하고 떠나가는 것입니다. 그래서 절에 와 정진하고 나름대로 공부하고 열심히 살면 차츰차츰 그런 증세가 약해지다가 어느 순간 자기 몸에서 무엇인가 빠져 나가는 것 같은 기분을 느끼게 되고 어느새 몸이 홀가분해지며 허공을 나는 듯한 가벼운 상태가 됩니다.

 조금 좋아졌다고 거기서 중단하면 안 되고, 일정한 시간을 정해 계속 정진해 나가야 합니다. 어느 시점이 되어 맑은 정신이 돌아오면 얼굴이 밝아지고, 본래의 자기 자리를 찾게 됩니다. 그때부터는 정상적인 생활로 자기 일을 잘 할 수 있게 되는 것입니다.

 정법도량의 법당에 의지해 머물라는 이유는 산 사람을 살리기 위함도 있지만 무엇보다도 영가가 그 몸에서 나와 또다른 몸에 의탁해 가서 더이상 떠돌지 말고 부처님 가르침에 감화를 받아 제대로 갈 길을 찾아가라는 의도에서 입니다. 산사람 뿐 아니라 영가를 위한 일이기도 합니다.

 신라시대 때 김양도라는 사람이 있었습니다.
 어린 시절에 어둡고 구석진 곳에서 놀다가 그곳의 음침한 기운이 그의 몸속에 들어오게 됩니다. 그 후 입이 붙어 말도 못하게 되고 몸이 뻣뻣해지더니 이유없이 아프기 시작했습니다. 아버지는 걱정이 되어 용한 의원들을 불러다가 진찰을 해봤지만 병명을 알 수가 없었습니다. 주변에서 굿을 하면 좋다하여 무속인을 불러다 푸닥거리도 했지만 잠시 괜찮은가 싶더니 다시 병이 도지는 것이었습니다.

아버지가 아들을 살리려고 백방으로 노력해도 낫지를 않자, 마지막으로 아들을 업고 찾아간 곳이 그 당시 뛰어난 능력을 갖추고 진언을 잘하기로 소문난 밀본 스님이었습니다.

아이를 본 밀본 스님은 빙의가 되었음을 알고는 법당에 앉혀 놓고 열심히 영가를 위해 축원하니 스님의 진언에 감화된 영가가 아들의 몸에서 빠져나왔습니다. 밀본 스님이 그 영가가 제 갈 길을 가도록 천도하여서 좋은 곳으로 보내주자, 아이는 병이 씻은 듯이 나았습니다. 그 뒤로 그는 열심히 공부하여 학식과 덕망을 쌓아 높은 벼슬에까지 올랐다고 합니다.

이처럼 정법도량에 의지하는 것은 중요합니다. 바른 법은 귀신마저도 감화시키기 때문입니다.

요즘도 굿을 하는 사람이 많습니다. 원래 굿이라는 것은 영가를 잠시 위로할 뿐, 영가는 탐심이 많기에 그 순간만 지나면 또 다른 것을 점점 더 크게 요구합니다. 밥 한 그릇을 주면 다음엔 두 그릇을 바랍니다.

굿을 하면 처음에는 좀 괜찮아지는 것 같아도 임시방편이라 금방 또 그 증세가 다시 드러납니다. 그러다가 결국에는 좋지 않은 결과를 가져옵니다. '언 발에 오줌 누기'라 할 수 있습니다.

언 발에 오줌을 누면 처음에는 따뜻한 것 같아도 나중에 더 얼어붙어 동상을 입게 됩니다. 그런 방법으로는 결코 영가의 탐심을 잠재울 수 없습니다.

우리나라의 불교가 민간신앙까지 끌어안고 가다 보니 왜곡되어 불자들이 점집을 찾거나 굿판을 벌이는 데 익숙해져 있습니다.

굿을 하다가 안 되면 결국에는 절에 옵니다. 특히 정초가 되면 철학관이나 점집을 전전하며 그곳에 돈을 다 갖다 주고 남은 잔돈푼을 들고 절에 옵니다. 연등을 달 때는 왠지 손이 움츠러드는데 반면 무속인들이 푸닥거리하라면 아주 인심이 후해집니다.

절집은 복福공장이요, 점집은 업業공장입니다.

이제부터 복을 제대로 지으려면 곧장 절에 와야 합니다. 불교인으로서 부끄럽지 않은 행동과 마음가짐을 가져야겠습니다.

영가천도는 구천九泉을 두려움에 쌓여 외롭고 고단하게 정처없이 떠도는 영가들을 제 갈 길로 안내해 주는 일입니다. 이포외여래에 귀의하여 부처님의 위없는 법문으로 욕망과 갈애, 두려움 등 온갖 번뇌의 불길이 꺼지니 생사고生死苦를 벗어난 최고의 복락福樂, 즉 열반의 즐거움을 얻을 수 있게 되는 것입니다.

南無甘露王如來나무감로왕여래

願我各各원아각각 列名靈駕열명영가 咽喉開通인후개통 獲甘露味획감로미

감로왕여래께 지심귀의하오니, 원컨대 우리 각각의 나열된 이름의 영가들이여, 인후가 개통되어 감로의 맛을 얻으소서.

南無甘露王如來나무감로왕여래 감로왕여래께 지심귀의하오니

감로왕여래는 묘관찰지妙觀察智를 나타내는 부처님입니다. 힘들이지 않고 만법萬法을 능히 잘 관찰하시어 중생의 근기에 따라 무엇을 원하는지 좋아하는지 아시고 둥글고 막힘없는 오묘한 법을 말씀하여 대안락大安樂의 깨달음을 얻게 합니다. 그러므로 이 부처님께 귀의하면 모든 아귀와 영가들의 목구멍이 열려 맛있는 음식을 먹을 수 있듯이 성취하는 바가 있게 됩니다.

願我各各원아각각 列名靈駕열명영가 咽喉開通인후개통 각각 나열된 이름의 영가들이여 인후가 개통되어

생전에 탐욕을 심하게 부리면 악업의 죄과로 아귀의 몸을 받습니다. 아귀의 배는 산만큼 불러 있지만 목구멍은 바늘구멍처럼 작고, 음식을 넣으면 불로 변해 목이 타기에 늘 굶주림에 허덕이게 됩니다. 그들은 서로 만나면 음식을 차지하기 위해 양보없이 싸우기만 하는데, 여기에서 '아귀다툼'이란 말이 나오게 된 것입니다. 이렇듯 아귀와 영가들은 인후가 꽉 막혀 먹지도 못하므로 그들에게 가

장 필요한 것은 갈증과 허기를 달래는 일입니다. 그러므로 이 진언을 외움으로써 바늘구멍만 하던 목구멍이 확 트여 감로수 맛을 볼 수 있게 됩니다.

타인의 고통과 괴로움을 멸滅해주니 참으로 좋은 일입니다. 그러므로 절에 와서 천도하고, 지장재일에 정성껏 위패 모셔놓고 기도하는 일을 소홀히 하지 말아야 합니다.

영가만 그런 것이 아니라 육신을 끌고 다니는 살아 있는 존재들도 마찬가지입니다. 인간의 욕심은 한도 끝도 없습니다. 목구멍이 작으니 숟가락으로 먹고 있지, 아마도 목구멍이 좀 컸으면 바가지로 퍼먹을지도 모릅니다.

탐욕은 집착의 또 다른 이름입니다. 탐욕덩어리인 인간의 속성 가운데는 아귀의 보報를 받을 가능성, 그 업의 인자가 함께 들어 있습니다. 그러한 도리를 이제부터라도 알게 되었다면 자신의 욕심을 줄여가는 연습을 해야 합니다.

獲甘露味획감로미 감로의 맛을 얻으소서

감로는 천신天神의 음료로 '하늘에서 내리는 단 이슬'이라는 뜻이며, 부처님의 가르침이 온갖 번뇌와 고통을 사라지게 하듯 중생을 잘 제도하는 것을 비유하는 말로 자주 쓰입니다.

아귀의 목구멍이 열려 허기와 갈증을 면하듯, 사바세계의 고통을 달래주는 부처님의 가르침은 감로로 다가옵니다. 감로미를 맛

본 사람만이 감로를 다시 찾게 됩니다.

"비록 사람이 백년을 산다 하더라도 감로의 길을 보지 못하면, 단 하루를 살아도 그 길을 보아 그 맛을 아는 것만 못하느니라."

『법구경』에 나오는 말씀입니다. 그 어느 것에도 비교할 수 없는 천하제일天下第一의 그 맛을 각자 찾아보시기 바랍니다.

   天上天下無如佛 천상천하무여불
   十方世界亦無比 시방세계역무비
   世間所有我盡見 세간소유아진견
   一切無有如佛者 일절무유여불자

   천상천하 어디에도 부처님 같은 이는 없고
   동서남북 둘러봐도 비교될 이 없으며,
   이 세상에 존재하는 모든 것을 다 보아도
   부처님 같은 이는 아무데도 일절 없네.

가피 서린 이 공양 드시기를 청하옵니다
관음시식

• "願此加持食원차가지식 普遍滿十方보변만시방 食者除飢渴식자제기갈 得生安養國득생안양국, 원컨대 이 가피 서린 공양이 시방에 널리 가득 두루 하여져 공양한 자는 주림과 목마름을 없애고 꼭 극락세계에 태어나지이다."

관음시식에 들어가 영단에 올린 가피 서린 공양물이 결코 헛되지 않고 그 공덕이 있음을 재차 알리며 영가들이 순조롭게 법식法食을 드시도록 돕고 극락세계에 가서 나도록 발원하는 대목입니다.

'가지식加持食, 가피 서린 공양'이란 지극정성으로 준비한 세속의 공양물이 부처님의 미묘한 4진언으로 풍족하고 부드럽게 화化한 것을 말하며, 이것은 곧 부처님의 위신력 또는 법력을 의미합니다.

공양에는 재공양과 법공양이 있는데, 말 그대로 재물을 올리는 것이 재공양이고, 부처님의 가르침을 전하는 것이 법공양입니다.

게송에서 말하는 영가들의 '주림과 목마름'에는 정신적인 것과 물질적인 것이 있는데 이것은 함께 충족되어야 합니다. 부처님의 가르침을 전하는 법공양이 영가들의 정신적인 주림과 목마름을 면

해준다면 우리가 성의껏 올린 보시금, 초, 향, 꽃, 과일, 음식 등의 재공양은 물질적으로 영가들의 주림과 목마름을 없애주는 역할을 합니다.

영가들은 업식業識으로 남아 있는 집착 때문에 심신이 주림과 목마름에 늘 지쳐 있습니다. 그렇기에 천도재를 할 때 영가를 위해 음식을 준비하여 영단을 꾸미는 일, 성의껏 올리는 보시금과 같은 재공양, 그리고 부처님의 가르침을 전하기 위해 스님들의 염불로 올리는 법공양은 천도의식의 큰 틀을 이룹니다.

이것은 살아 있는 사람에게도 똑같습니다. 산 사람에게 아무리 지고지순至高至純한 진리를 전하려 해도 배가 고프면 아무 소용이 없는 것이고, 배가 부르다 해도 진리를 모르면 금수禽獸와 다름이 없기 때문입니다.

육신이 있고 없는 차이일 뿐 영가들도 애착은 살아 있습니다. 먹고 싶은 것, 욕심부리고 싶은 것은 똑같습니다. 탐심이 더욱 깊어져 하고 싶고, 갖고 싶고, 먹고 싶은데 그렇게 못하므로 고통도 깊어집니다. 부처님의 위신력으로 그들의 업식을 맑혀 더 나은 곳에 다시 태어나게 하는 것이 천도재입니다.

未生之前誰是我 미생지전수시아
我生之後我是誰 아생지후아시수
長大我人纔是我 장대성인재시아

合眼朦朧又是誰」합안몽롱우시수

이 몸이 나기 전에 그 무엇이 내 몸이며
세상에 태어난 뒤 내가 과연 뉘이런가.
자라나 사람 노릇 잠깐 동안 내라더니
눈 한 번 감은 뒤에 내가 또한 뉘이런가.

영가, 그들을 위한 고차원적 언어
관음시식

• 　　변식의 4다라니와 다섯 여래의 위신력으로 영가들의 공양이 법식 되어 잘 드시도록 한 후, 한 분도 빠짐없이 영가들이 시식하도록 돕고 회향을 통한 나눔의 아름다운 마무리로 그 공덕을 극대화하는 진언이 나옵니다.

시귀식진언 施鬼食眞言
옴 미기미기 야야미기 사바하

시무차법식진언 施無遮法食眞言
옴 목 역능 사바하

보공양진언 普供養眞言
옴 아아나 삼바바 바아라 훔

보회향진언 普廻向眞言
옴 삼마라 삼마라 미만나 사라마하 자가라바 훔

천도재를 지낼 때는 많은 진언들이 나오는데 지극 정성으로 외우는 것이 중요합니다.

진언이란 밀교에서 수행의 기본으로 여기는 부처님의 깨달음이나 서원이 담긴 진실되고 비밀스런 가르침이라는 말입니다. 진언은 영가와 산 사람을, 또는 부처님세계와 우리 인간세계를 한데 묶어주는 비밀스런 통로의 역할을 해주고 있습니다.

경전으로 전해져 모든 사람들이 알 수 있도록 공개한 가르침을 현교顯敎라 하는데, 그런 현교형식의 진언들은 우리 인간들만을 위한 게송이고, 밀교형식의 진언들은 부처님과 또는 영가들을 생각한 또 다른 고차원적 언어인 것입니다.

시귀식진언 & 시무차법식진언

'시귀식진언'은 영가에게 공양을 베푸는 진언으로서 목이 열려 음식을 드시게 하는 것이고, '시무차법식진언'은 널리 베푸는 법공양을 말합니다. 공양물에 부처님의 진실된 가르침이 깃들어 있어 음식이 법식이 되고 법식은 법공양으로 이어집니다. 부처님의 진실된 가르침이 깃든 이 공양을 선망 조상뿐 아니라 모든 유주무주의 고혼들도 빠짐없이 와서 다같이 공양하라고 청하는 것입니다. 부처님의 차별없는 평등법으로 '누구든지 와서 먹고 가라'는 말입니다. 한국불교대학에서는 매주 토요일 무료급식이 있습니다. 아무런 제약 없이 근처에 계시는 노인들이 모두 와서 공양을 드십니다. 그날을 널리 알리니 누구라도 오셔서 즐겁게 공양을 하시고 돌아가시는 겁니다. 바로 그곳이 누구도 막음 없이 차별하지 않고 베푸는, 부처님 법을 실천하는 현장입니다.

보공양진언 & 보회향진언

'보공양진언'은 널리 공양을 올리는 진언을 말합니다.

영가들이 공양을 흠향歆饗하도록 계속 청하고 있습니다. 혹시나 빠진 영가가 없나 하고 재점검하는 것입니다. 보공양진언은 마지막 한 분의 영가라도 더 모시고자 하는 정성스런 마음의 표시입니다. 부처님의 음식으로 번뇌의 불길을 잡아 한 분도 빠짐없이 천도하기 위함입니다.

대승의 궁극적인 목적은 회향에 있습니다. 나도 잘 살고 너도 잘 사는 상생相生의 도리입니다.

'보회향진언'은 널리 회향하는 진언입니다.

천도재를 지내면 영가나 산 사람이나 공덕이 있긴 마찬가지라 했습니다. 그 공덕을 내 안에 가두어두면 내 그릇만큼밖에 안 되지만 널리 회향하면 그것은 퍼져나가 더 큰 공덕이 되어 돌아오게 되어 있습니다. 그것을 독려하고 확인하는 진언입니다.

일반적으로 49재 막재를 끝내며 법공양을 하는 이유가 바로 그것입니다. 즉, 널리 좋은 일을 하라는 뜻입니다.

來無所來 내무소래
如朗月之影現千江 여랑월지영현천강
去無所去 거무소거
似澄空而形分諸刹 사징공이형분제찰

왔어도 올 곳이 없으니
밝은 달님이 강물 위에 비친 것과 같고,
가도 갈 곳이 없으니
허공이 온 누리에 가득한 것과 같도다.

공양찬 供養讚

관음시식

受我此法食 수아차법식
何異阿難饌 하이아난찬
飢腸咸飽滿 기장함포만
業火頓淸凉 업화돈청량
頓捨貪瞋癡 돈사탐진치
常歸佛法僧 상귀불법승
念念菩提心 염념보리심
處處安樂國 처처안락국

저의 이 법식을 받으소서
아난의 공양과 다름없을 것입니다.
허기진 속이 채워지고
업의 불길이 가라앉을 것입니다.
한꺼번에 삼독심을 버리시고
어떤 경우든 삼보님께 귀의하소서.
생각생각 보리심을 내면
계신 곳이 바로 극락세계입니다.

● 　　　　계속하여 영가들의 시식을 돕는 절차입니다. 천도 의식에 나오는 공양찬供養讚은 '세속의 공양물'이 '법식'이 되어 궁극엔 영가들이 안락국에 이르게 되므로 베푼 공양을 꼭 받고 깨달음을 얻으라고 하는 게송입니다.

　천도재란 영가를 위한 법회이므로 그에 알맞은 방편의 불법을 펼치게 되는데, 이 의식이 진행되는 동안 내내 부처님의 진리의 말씀이 설해집니다. 바로 영가들의 무명無明을 밝히고 마음을 일깨우기 위함입니다.

　「공양찬」에도 부처님이 놓으신 일침一針이 있으니 '극락정토가 멀리 있는 것이 아니라 생각생각 보리심을 낸 그 자리, 나의 참마음이 부처님 자리로서 그 생각을 낸 내가 바로 부처님'이라는 가르침입니다. 불교사상을 쉽게 엿볼 수 있는 대목입니다.

　재財공양 중 으뜸이 먹는 일입니다. 먹기 위해 사는 건 아니라 할지라도 음식은 누구에게나 소중합니다. 먹는 일은 음식을 단지 육신을 지탱하는 약으로 삼아 도업道業을 이루려는 스님들에게도 보통의 일이 아닙니다. 삼의일발三衣一鉢이라 하여 스님들은 걸망 속에 다른 것은 없더라도 의식衣食을 해결하는 데 가장 최소의 조건으로 옷 세 벌과 발우 하나를 꼭 넣고 다닙니다. 마음을 닦는 스님에게도 먹는 일이 만만한 일이 아닌데 보통 사람에게는 얼마나 대단한 일이겠습니까?

영가를 위한 법회도 음식과 염불로 이루어집니다. 먹는다는 것은 살아 있는 사람에게도 죽은 사람에게도 보통 일은 아닌 듯합니다.

受我此法食수아차법식 저의 이 법식을 받으소서

법단에 차려진 공양물이 부처님의 위신력으로 법다운 음식이 되었습니다. 법도에 맞는 청정한 음식을 차려내는 것이 중요합니다. 그것이 업의 불길을 잡을 수 있기 때문입니다. 무당 굿하듯이 돼지머리를 올리는 행위는 불교법식에 어긋나며 업만 짓는 일입니다.

何異阿難饌하이아난찬 아난의 공양과 다름없을 것입니다

부처님이 기원정사에 계실 때 부처님의 법문法門에 감화를 받은 한 장자가 안거 석 달 동안 승가에 공양하기로 약속을 합니다. 그런데 그는 외도의 꾐에 빠져 공양을 올리지 않았습니다. 그때 마침 마을에는 흉년이 들어 걸식을 할 수도 없었습니다.

얼마 후 한 부인이 말이 먹는 겉보리로 정성스레 공양을 지어 올렸는데 다른 제자들은 역겨워 먹지를 못했습니다. 그런 공양을 드시는 부처님을 아난은 걱정하고 있었으나 부처님은 오히려 맛있게 드시는 것이었습니다. 아난이 이를 의아해하자 부처님은 먹어보라고 주셨는데 거칠기는커녕 그 어떤 음식과도 비길 수 없는 맛과 향이 배인 훌륭한 음식이 되어 있었습니다.

즉 자손들이나 인연 있는 사람이 정성껏 올린 공양물이 부처님의 위신력으로 인하여 허기를 면하게 하는 더할 수 없는 맛의 법식이 되었음을 알리는 것입니다.

飢腸咸飽滿기장함포만 **業火頓淸凉**업화돈청량 허기진 속이 채워지고 업의 불길이 가라앉을 것입니다

공양찬 중 여기까지가 음식공양을 올리는 내용입니다.

탐욕은 탐욕을 부릅니다. 어떤 것에 허기를 느끼면 눈에 불을 켜고 더 갈구합니다. 그게 바로 업의 불길입니다.

짐승도 마찬가집니다.

강아지를 모아놓고 한 부류는 순순히 먹을 것을 주고 또 다른 한 부류에게는 줄듯 말듯 애를 태웠다 합니다. 그 실험 결과 충분히 배를 채우지 못한 강아지의 타액에서 독소 성분이 검출되었는데 그것이 바로 갈애와 탐욕의 독입니다.

삼독에 의한 업의 불길은 부처님의 가르침만이 잠재울 수 있습니다. 부처님은 위험에서 구해주는 부모와 같고, 더위에 먼 길을 가는 사람에겐 큰 나무와 같고, 몸이 드러난 사람에겐 의복이 되어주고, 곡식을 가꾸는 사람에겐 단비가 되어주는 분입니다.

마찬가지로 허기와 갈증으로 고단한 영가들에게는 음식공양만한 것이 없습니다.

여기서도 부처님의 응병여약應病與藥, 대기설법對機說法이 이루어집

니다. 영가를 위한 부처님의 위신력으로 영가의 목을 열게 하여 부처님의 법향이 가득한 음식을 통과시키니 업의 불길을 잡을 수 있는 것입니다.

頓捨貪瞋癡돈사탐진치 **常歸佛法僧**상귀불법승 한꺼번에 삼독심을 버리시고 어떤 경우든 삼보님께 귀의하소서

업의 불길이 가라앉은 그 시원한 마음이 탐·진·치 삼독심을 여읜 자리입니다. 얼마나 좋은 기회입니까. 바로 이 천금과도 같은 기회에 이 세상에서 가장 값진 보배인 불·법·승 삼보께 귀의하여 공덕을 지어 아래로는 다시 삼악도三惡道에 떨어지지 않게 하고 위로는 보리심菩提心을 발하여 영원한 행복을 찾는 것입니다. 그것이 영원히 살판나게 하는 방법입니다.

우리가 법회를 시작할 때 삼귀의로 시작하는 것은 그만큼 기본적이고 중요하기 때문입니다. 마음속 깊이 삼보의 공덕을 새기며 진정한 나의 귀의처가 되도록 해야겠습니다.

念念菩提心염념보리심 **處處安樂國**처처안락국 생각생각에 보리심을 내면 계신 곳이 바로 극락세계입니다

부처님의 진정한 가르침이 나오는 법공양, 법보시에 해당하는 부분입니다. 보리심은 깨달음을 구하는 마음입니다. 찰나찰나 부처님처럼 깨닫겠다는 한 생각으로 깨어 있으면 바로 그곳이 편안한

정토가 된다는 말입니다.

우리 인간에게는 다섯 가지 원초적인 본능이 있습니다. 그것을 불교에서는 오욕五慾, 그리고 그것에 따르는 만족감이 있으니 오욕락五慾樂이라 합니다. 재財, 색色, 식食, 명名, 수睡가 그것으로, 배부름에 대한 욕망도 빠지지 않습니다.

'금강산도 식후경' 이라는 말이 있듯이 재미있는 일이라도 배고프면 마음이 안 내킵니다. 한번은 법문이 길어져서 점심시간을 넘긴 적이 있었습니다. 약간씩 술렁이며 집중력이 떨어지더니 배고프다고 난리였습니다. 배고프면 법문도 귀에 안 들어온다는 말입니다. 먼저 영가에게 음식공양을 베풀고 법문을 해주는 이유입니다.

무료급식 날에 법당에 오셔서 공양을 드시고 유흥을 즐기시며 간단한 법문이라도 들으신 어른들은 한국불교대학에 대해 좋은 말씀을 해주십니다. 왜냐하면 대접받았기 때문입니다. 집에 청한 손님에게 성의껏 음식을 잘 대접하고 덕담德談을 나누고 하는 것이 사람 사는 도리이듯 영가에게도 마찬가지입니다.

사람이 죽으면 반드시 식識이 남습니다. 그것을 업식業識이라 합니다. 그리고 업식에는 반드시 그 원인이 되게 하는 종자가 있는데 그것을 종자식種子識이라고 합니다. 다른 말로 제 8식, 아뢰야식, 함장식含藏識이라고 합니다. 마치 문제 해결의 열쇠를 쥐고 있는 블랙박스같이 만법연기의 근본 에너지가 그 속에 들어 있습니다.

종자는 식물의 씨앗을 말하는데 새싹, 가지, 열매를 만들어내는 가능성을 내포하고 있습니다. 조건이 맞으면 꽃을 피우고 열매도 맺게 되는 것입니다.

모든 업은 아뢰야식의 종자에서 비롯된 것이며 윤회를 하게 하는 에너지입니다.

육신은 허물어져 사대四大로 돌아가도 반드시 식이 남게 됩니다. 육체라는 껍데기만 버렸을 뿐, 식이 남아 있는 존재는 살아 있는 사람과 본질적으로 똑같습니다.

그러므로 삶과 죽음이 처음과 끝이 아니며, 살아 있는 사람이나 영가나 계속해서 업을 닦아야 하기는 마찬가지입니다.

그렇기 때문에 제사도 잘 모시고, 천도재도 제대로 지내는 것이 합당한 도리입니다.

來時歡喜去時悲 내시환희거시비
空在人間走一回 공재인간주일회
不如不來亦不去 불여불래역불거
也無歡喜也無悲 야무환희야무비

올 적에는 기뻐하고 갈 적에는 슬퍼하네

속없이 인간세에 와서 한 바퀴를 돌단 말가
애당초 오지 않았으면 갈 일 없을 것을
기쁨이 없는데 슬픔인들 있을 것인가.

얽힌 실타래를 푸는 일
관음시식

• 　　천도의식을 할 때 의식내용이나 염불의 대부분이 뜻글자인 한자로 되어 있어 혹시 영가가 알아듣지 못할까 염려가 될 때도 있을 것입니다. 그러나 그런 걱정을 하기보다는 되도록이면 내가 우선 그 뜻을 알고 마음을 관하며 정성스레 하는 것이 중요합니다. 식識이 맑아진 영가가 알아서 잘 듣기 때문입니다. 영가는 살았을 때의 무의식이 죽음으로 인해 의식화되기 때문에 살아 있는 우리보다 월등히 맑아진 식識으로 마음을 통해 모든 것을 다 알아들을 수 있기 때문입니다.

영가를 인도하고 안내하는 것은 육신이 멀쩡히 살아 있는 존재들을 인도하는 것보다 훨씬 더 쉽습니다. 왜냐하면 영가는 정처없이 떠돌다보니 어디에 안주하려는 마음이 강하고, 식이 맑아져 있기 때문에 부처님의 법문을 더 잘 알아듣기 때문입니다. 그래서 즉각 죽음을 인정하고 살아생전의 원결을 풀고 육체에 얽매였던 집착을 털며 '새 인연처를 찾아야겠구나' 하고 순순히 따라갑니다.

천도재의 공덕은 산 자와 영가 모두에게 돌아간다고 했으며 오히려 산 자의 몫이 더 크다고 했습니다. 주변에서도 천도재를 지냈더니 실타래처럼 얽혀 있던 일들이 어느 순간 해결되었다는 이야기를 들어본 적이 있을 것입니다. 영가들을 위한 천도재지만 결과적으로 그러한 문제 해결 때문에 사실상 살아 있는 우리를 위해 하는 경우가 많습니다.

중요한 것은 천도재의 공덕이 반드시 있다는 사실입니다. 영가는 재를 올려주는 사람의 정성과 그리고 계속해서 들려주는 부처님의 진리의 말씀으로 업식에 묶여 있던 '나'라는 집착을 버리고 참모습을 보아 참회하고 인연 따라 제 갈 길을 가기 때문입니다. 그러므로 영가와 살아생전 관계가 별로 안 좋았던 사람, 마음에 조금이라도 잔상이 남아 있는 사람, 또는 낙태영가는 반드시 천도를 해주어야 합니다. 특히 원결을 맺은 존재는 더욱 잘 챙겨야 합니다. 영가가 고통스러우면 그 영향이 인연 있는 사람이나 가족에게 미치기 때문입니다.

맺힌 마음이 끝까지 남아 있어 끈질긴 집착으로 이어질 때 영가들은 산 자들에게 해코지를 합니다. 그래서 하는 일마다 장애가 생기고 가족 중에 누군가가 사고를 당하거나 좋지 않은 일들이 자꾸 생기게 됩니다. 그런 것들은 영가장애일 가능성이 많습니다. 맺힌 것은 끊지 말고 풀어야 합니다. 주변 일이 잘 풀리지 않고 어렵게 돌아간다면 이는 스스로가 지난 생에 지은 잘못된 행위의 과보임을 깊이 이해하고 그러한 고통을 겸허히 받아들여 선연善緣으로 풀어나가야 합니다. 나의 참회와 선한 마음이 그들을 천도할 수 있습니다. 이렇듯 천도의식은 바로 내 마음을 바꿔주는 의식이기도 합니다.

우리가 사람의 몸을 받는 것도 어려운데 부처님 법을 만났을 때 할 수 있는 특권이 바로 망자亡者를 위해 선심善心을 베푸는 일입니다. 맹구우목盲龜遇木, 천재일우天載一遇로 부처님 법을 만나 무탈하게 사는 동안 그 감사의 표시로도 내가 먼저 선심을 베풀어야 합니다. 그러면 영가가 좋고, 영가가 좋음으로써 나도 좋아지게 되는 것입니다.

궁극적으로 영가를 좋게 한다는 것은 극락세계에 왕생토록 하는 것입니다. 즉 육도윤회의 고통에서 벗어나게 하는 것입니다. 다 쓴 몸은 벗었으나 아직 이승과 육신에 집착을 갖고 갈 길을 못 가고 머물러 있으니 그것을 일깨워주어야 합니다. 그리하여 모든 것은 일시적이고 변하며 영원하지 않다는 무상無常의 가르침으로 마음을 돌리게 하여 아미타 부처님의 원력에 의지해 극락세계로 인도하는 것입니다.

집착을 버리면 모든 것이 편안해지고 깨끗해집니다. 비로소 청정법신 비로자나 부처님이 계시는 연화장세계에 들어 영원한 행복을 누릴 수 있게 됩니다.

願往生원왕생 願往生원왕생 往生華藏蓮華界왕생화장연화계
自他一時成佛道자타일시성불도

좋은 세상 나소서, 좋은 세상 나소서, 극락 세계 나소서.
우리 모두 다 함께 불도 이루길 원합니다.

영가를 위한 마지막 축원입니다. 참으로 착한 마음입니다. 맺힌 것, 얽힌 실타래는 이렇게 풀어가야 합니다.

  散花落_{산화락}　散花落_{산화락}　散花落_{산화락}
  꽃비가 내립니다.
  꽃비가 내립니다.
  꽃비가 내립니다.

좋은 세상 나소서

좋은 세상 나소서

사바 인연 다하여 훌쩍 떠나신
하얀님 우리님 애달픕니다.
맑은 바람 매달린 한 조각 구름
훨훨 자유로이 고향의 언덕
좋은 세상 나소서 좋은 세상 나소서.
간절한 발원 나무아미타불.

가시는 님 어디로 머나먼 그 길
하늘도 빛을 잃고 흐느낍니다.
별처럼 꽃처럼 남기신 자취
한 물건 오롯하니 본래의 주인
좋은 세상 나소서 좋은 세상 나소서.
간절한 발원 나무아미타불.

| 작사 우학스님 작곡 이달철 |

● 일반적으로 죽음에 대한 두려움과 공포는 예고되지 않고 우리가 생각하지도 못한 형태로 다가오는 것에도 그 이유가 있을 것입니다. 준비되지 않은 죽음이기에 영가 당사자나 그것을 바라보는 타인조차 그 황망한 마음을 감출 수가 없게 됩니다.

하지만 속히 그 육신의 유한有限함을 인정하고 안타까운 넋을 달래어 좋은 세상에 다시 나도록 하는 것이 그들을 죽음에서 건져내는 일입니다.

「좋은 세상 나소서」는 대구 지하철 사고로 운명하신 안타까운 영령들의 왕생극락을 발원하면서 만든 노래입니다.

우리네 중생살이가 그리 호락호락하지만은 않습니다. 늘 살얼음판을 걷는 게 인생입니다. 그래서 끝내 닥치는 죽음이라고 하는 것은 그 어느 누구에게나 갑작스런 일이 됩니다.

이것이 불교적 수행이 필요한 이유입니다.

현상적으로는 갑작스러운 일이라 할지라도 끊임없는 수행을 통해 내면적으로는 이미 삶 또는 죽음을 준비하는 것이기 때문입니다. 삶과 죽음은 일회적이 아니기 때문에 두려워할 이유도 없지만 그렇다고 너무 쉽게 생각해서도 안 될 일입니다.

「좋은 세상 나소서」는 먼저 가신 모든 영가님들을 위한 노래이며, 또한 미래 나의 기도 소리도 될 것입니다.

반야용선 般若龍船을 타고

揭諦揭諦 아제아제 波羅揭諦 바라아제

波羅僧揭諦 바라승아제

菩提 모지 娑婆訶 사바하

가자 가자, 피안으로 가자.
우리 함께 피안으로 어서 가자.
피안에 도달하였네 아! 깨달음이여 영원하라.

끊임없는 고통과 번뇌의 사바세계에 살고 있는 우리에게 이고득락離苦得樂의 길을 제시하는 것이 바로 불교입니다. 불교경전에서는 무명중생이 참된 지혜와 깨달음에 이르게 하기 위한 상징적 수단으로 배船를 들어 설명하곤 합니다. 즉 고통의 사바세계에서 깨달음의 세계인 피안彼岸의 극락정토로 중생들을 건너게 해주는 반야바라밀般若波羅蜜의 배를 반야용선이라 합니다.

『천수경』에서는 관세음보살님께 열 가지 원願을 세우는데 '원아속승반야선願我速乘般若船 원아조득월고해願我早得越苦海, 제가 빨리 반야의 배에 올라, 제가 빨리 고통바다 건너기를 원합니다'라며 반야선을 직접 거론하고, 『반야심경』 끝부분의 진언에서는 '피안으로 가자'며 은연 중에 탈 것을 제시하며 반야용선을 염두에 두고 있고, 『화엄경』에서는 피안의 안내자로 부처님과 보살을 뱃사공에 비유하고 있으며, 『금강경』에서는 피안으로 가기 위한 수단으로 뗏목이 등장합니다. 뿐만 아니라 중생들이 배의 선장인 인로왕보살과 지장보살을 모시고 반야용선에 올라 열반의 세계로 향하는 모습은 사찰 벽화의 단골 메뉴가 되고 있습니다.

그런데 여기에서 재미있는 것은 불교뿐 아니라 다른 종교에서도 물이 삶과 죽음의 경계를 나타낸다는 사실입니다. 극락정토로 가는 반야용선이나 뗏목이 물을 건너는 것을 전제로 하듯 기독교에서는 사람이 죽었을 때 '요단강 건너서 만나리'라는 찬송가를 부릅니다. 요단강을 건넌다는 것은 젖과 꿀이 흐르는 이상향인 가나안,

즉 하나님의 나라에 드는 것을 의미하기 때문입니다.

인류의 역사가 시작된 이래 물은 삶과 죽음의 의미를 가진 동시에 어머니의 자궁과 무덤을 상징하였고, 불교에서는 생명과 죽음의 비밀을 간직한 윤회의 상징이자 순환의 매개로 쓰이고 있습니다. 우리의 삶을 '고해苦海'에 비유하는 것도 이와 같은 이유일 것입니다.

극락정토는 죽어서만 가는 곳이 아닙니다.

"念念菩提心염념보리심 處處安樂國처처안락국"

생각 생각이 진리이면 가는 곳곳이 다 극락이라고 했습니다. 내가 깨어 있다면 앉아 있는 그 자리가 다 극락입니다.

법당은 불자들이 부처님과 함께 타고 가는 배의 선실船室과 같은 곳입니다. 반야 '진리를 깨달은 지혜로', 바라밀다 '피안의 세계로 가기 위해' 반야용선에 다 같이 승선한 것입니다. 부처님 극락세계에 도달하기 위해서는 탈 것, 의지처가 필요하기 때문입니다.

부처님 세상으로 가는데 우리 개체 하나하나의 힘만으로는 그 큰 바다를 건널 수 없습니다. 그 모양이 마치 업장業障으로 꼭꼭 다져진 차돌멩이 같아서 가다 보면 어느새 물에 다 가라앉아 버립니다. 그렇지만 우주법계의 진리로 튼튼하게 설계된 큰 배에 실려 가면 수천 수만이라 할지라도, 설령 큰 바윗돌이라도 목적지까지 안전하게 인도됩니다.

법당에 와서 공부하고 기도하고 참선하고 봉사하는 모든 수행들이 다름아닌 목적지까지 순항하기 위한 노 젓기이며, 견고하고 안전한 배를 믿고 의지해 부처님 세계로 나아가기 위한 노력입니다.

지장재일이나 백중날 치러지는 우란분재와 같은 합동 천도재에 많은 분들이 법당에 나와 서원을 세워 기도하고 금강경을 독송하고 하는 것은 '나 홀로 기도'와는 비교가 되지 않습니다.

한 곳으로 모은 마음의 에너지가 거대한 반야용선을 움직이는 동력이 되어 고통의 언덕에서 행복의 언덕으로 힘차게 건네게 합니다. 배가 倍加된 동력은 배가 나아가는 데 큰 힘이 되어 주어 반야용선은 더욱 안전한 길로 쾌속질주하게 되는 것입니다. 그래서 지혜의 배인 반야용선에 의지해서 가는 사람은 행복하고 맑은 삶 안에서 상락아정 常樂我淨의 부처님의 극락세계를 경험할 것이고, 인로왕보살의 안내를 받은 영가들은 극락왕생할 것입니다.

利慾閻王引獄鎖 이욕염왕인옥쇄
淨行陀佛接蓮臺 정행타불접연대
鎖拘入獄苦千種 쇄구입옥고천종
船上生蓮樂萬般 선상생연낙만반

이기적 욕심내면 염라대왕이 지옥으로 이끌어 가둠이요
깨끗한 수행하면 아미타불이 연화대에 맞아 주시니라.
쇠사슬에 묶여 지옥에 가면 고통이 천 가지요
반야용선을 타고 연화대에 나면 즐거움이 만 가지이니라.

우란분절 盂蘭盆節

강물이 넘치거나 모래성이 무너질 때처럼
물 한 방울, 모래 한 알같은
작은 것 하나가 원인이 되어
큰일을 낼 때가 있다.
세상은 그런 것이다.
알 수 없는 원인 하나 때문에 판이 바뀌어 버린다.
그 알 수 없는 원인 가운데 하나가 바로
천도재이다.

● 　　　불가佛家에는 부처님께서 이 땅에 나투신 의미를 되새기고 수행 정진할 것을 다짐하는 고유의 명절이 몇 날 있습니다.

가장 큰 명절인 부처님 오신 날, 부처님 출가재일, 부처님이 깨달음을 이루신 날을 기념하는 성도재일, 열반에 드심을 기리는 열반재일, 그리고 불자들이 스스로의 허물을 참회하고 돌아가신 선망 조상을 천도하는 우란분절을 일컬어 불교의 5대 명절이라 합니다. 이중 우란분절은 이웃 일본에서는 설과 더불어 2대 명절로 여길 만큼 큰 의미가 있는 경사스런 날입니다.

우란분절은 망자亡者와 관련하여 어쩐지 숙연하고 엄숙해야 할 날 같지만 사실은 축제일입니다. 고통 받는 선망 조상, 유주무주의 고혼, 태중사망 영가 등을 인로왕보살과 거대한 대중의 힘으로 반야용선을 움직여 좋은 세상으로 천도하는 기쁜 날이기 때문입니다.

조상 천도재인 우란분재는 음력 7월 15일 백중날 올리는데 우리나라 절기 중 백중만큼 다양한 명칭을 갖는 것도 드물 것입니다. 백중이 갖는 여러 가지 명칭을 통해 조상 천도의 의미를 찾는 것도 우란분재를 바르게 이해하는 데 도움이 될 것입니다.

우란분盂蘭盆
산술적으로 정확히 일 년의 중간이 되지는 않지만 일 년 가운데 가장 중심이 되는 절기節氣라는 뜻의 백중百中은 다른 이름으로 우란분절이라 불립니다.

우란분이란 범어의 '울람바나ullambana'를 음역한 것으로 한문으로는 '도현倒懸'이라고 합니다. '거꾸로 매달린 영혼을 구제하는 불사佛事'를 말하는 것이지요. 거꾸로 매달린 영혼이란 '살아생전에 어리석음과 애착과 탐욕 등등 잘못된 생각으로 여러 가지 죄업을 지어, 극심한 고통 속에서 죄 값을 치르고 있는 영혼'을 가리킵니다. 다시 말해 우란분재란 그러한 조상을 구해내기 위해 올리는 천도재를 말하며 우란분절은 우란분재를 명절화하여 부른 말입니다. 그런데 그날 선망 조상을 위한 재를 올리는 이유가 있습니다.

부처님 당시 10대 제자로서 신통제일로 일컬어지던 목련 존자가 어머니가 지옥에 떨어져 있는 것을 알고 고통받고 있는 어머니를 구할 방법을 부처님께 간청하였습니다. 그는 부처님이 일러주신 대로 하안거夏安居를 해제하는 음력 7월 보름날, 청정대중에게 지극한 마음으로 공양을 베풀고 법회를 열어 결국 어머니를 천도했는데, 그것에서 유래한 것이 우란분재입니다. 그래서 그날은 선망 조상이나 인연있는 유주무주의 고혼들이 새로 태어나는 생명해방의 날로서 극락왕생을 위한 천도재를 베푸는 날로 정착하게 된 것입니다.

삼보와 스님들께 공양을 올리는 공덕은 헤아릴 수가 없습니다. 7대 선망 부모의 여섯 갈래의 친척이 삼악도三惡道에서 벗어나 즉시

해탈할 것이며 당대의 부모들도 모두 안락하고 장수한다고 했습니다. 요즘같이 가치관이 전도된 시대에 우란분재가 효의 공덕을 쌓는 소중한 대작불사大作佛事라고 아니할 수 없겠습니다.

자자自恣

또 다르게는 백중을 자자일自恣日이라고도 합니다. 자자란 '마음대로', '자유롭게'라는 의미로 수행자들이 하안거 기간에 스스로 나아가서 잘못을 고백하여 허물을 지적받는 독특한 참회의식을 말합니다. 스스로 자각하고 서로 간에 허물을 지적하며 다른 사람의 충고도 잘 받아들여 참회함으로써 본연의 청정함을 유지하여 자신의 삶을 한층 업그레이드시키는 의미를 갖습니다.

백중百衆

또한 百中백중을 동음이의어同音異義語로 百衆백중이라 말하기도 합니다. 이날은 음력 4월 15일 결제에 들어가 음력 7월 15일 해제에 이르기까지 구도를 향한 석 달 하안거를 마치고 산문 밖을 나서는 수행자들이 대중을 향하여 안거 결과를 고백하는 날입니다. 따라서 이날은 그 참선납자들을 뜻하기도 하지만, 수행정진을 끝내고 해제를 하여 중생 속으로 한걸음 내딛는 것으로서 또한 회향의 의미를 가집니다. 이러한 의미로서의 백중은 스스로 쌓은 선근공덕을 다른 사람에게 돌리어 자타自他가 함께 이익되게 하므로 더불어 사는 삶이라는 것을 인식하는 것입니다. 사람과 사람뿐만 아니라 사람과 자연, 유정무정들이 서로 어울려 살아가는 도리입니다.

백종 百種

백중이 하나의 절기를 나타낸 만큼 농사와 관련된 다양한 의미를 갖는데, 그것 중에 하나가 백종입니다.

곡식이 익어가는 시절이므로 100가지나 되는 곡식의 씨앗을 갖추고 첫 수확한 온갖 과실과 햅쌀로 상을 차려서 정성을 다해 조상들께 감사를 표한다는 데서 나온 말입니다. 감사할 일이 어디 조상뿐이겠습니까. 그 마음은 온 우주만물에 이릅니다.

백종 白踵

마찬가지로 농사와 관련한 의미로서 백중을 百種백종과 한자만 달리해서 '白踵백종'이라 부르기도 합니다. '종踵'은 '발꿈치 종'으로 바쁜 농번기를 지나 가을 추수를 앞둔 사이에 그동안 농사일로 너무 바빠 허리 한번 펴지 못하고 제대로 씻지 못했던 손발을 씻어 비로소 발꿈치가 희어진다는 재미난 뜻을 담고 있기도 합니다. 더러워진 것을 씻어내니 업을 맑히는 것과 같습니다. 더러운 마음을 씻어내는 마음청소의 날입니다.

다시 되짚어보면 백중날하는 조상 천도재는 수행력을 갖춘 대중 스님을 포함한 삼보百衆께 정성어린 공양을 올린百種 그 인연공덕으로 조상 영가로 하여금 생전의 악업의 고통에서 벗어나게盂蘭盆 하는데 마음을 씻어내白踵 참회하고 스스로 업그레이드 하여自恣 극락왕생을 발원하는 진리의 법석인 것입니다.

이로써 부처님의 진리의 말씀에 교화된 영가이 뒤집힌 꿈같은 생각을 멀리 떠나 보내고원리전도몽상遠離顚倒夢想 마침내 갈애와 욕망, 집착을 끊어내어구경열반究竟涅槃 반야바라밀다에 의지함으로의반야바라밀다依般若波羅蜜多 반야용선에 올라 영원한 행복을 누리게 되는 것입니다.

이와같이 백중의 의미는 효사상을 바탕으로 한 천도재를 통해 선망 조상의 이고득락을 염원함과 동시에 조상과 우리의 삶을 재점검하는 계기가 되고 있습니다.

우리의 인생은 단독적으로 존재하는 것이 하나도 없습니다. 모든 것이 중첩되어 나타나, 존재와 존재 사이에 수많은 인연화합의 끊임없는 연관을 이루며 움직이고 있습니다. 그 가운데 한 알의 모래 알갱이가 경사면을 타고 흘러내리면서 주위의 알갱이를 건드리는 연쇄 반응이 결국 큰 산사태를 초래하듯, 바늘구멍에서 새기 시작한 물이 마침내는 둑 전체를 무너뜨리듯, 아주 사소하고 알 수 없는 원인 하나가 전체를 움직이거나 큰 힘을 발휘하게 되는 일이 생길 수 있습니다. 그 하나의 원인이 어디서 어떻게 나타날지 누구도 알 수 없으니 정신 똑바로 차리고 늘 깨어 있는 연습이 필요합니다. 그러므로 우리는 모든 일에 성심성의를 다해야 하고 어느 것 하나 등한시해서는 안 된다는 교훈을 얻습니다.

백중 천도재 또한 어떤 '알 수 없는 원인 하나'가 되어 우리 인생에 영향을 미칠 수 있습니다.

우리가 사는 세상은 관념 속에서 굴절된 작은 시공간의 현상계일 뿐, 그 너머 보이지 않는 세계는 우리의 관념을 초월해 더 큰 에너지로 작용한다는 것을 알아야 합니다.

초하루기도, 인등기도, 관음재일 기도를 포함하여 일반적으로 하는 기도들이 모두 다 살아있는 사람을 위한 기도라면 지장기도나 백중기도는 유일하게 망자를 위한 기도입니다.

기도의 원리와 공덕을 충분히 알고 열熱과 성誠을 다해 망자를 위한 기도에 임한다면 그 에너지는 '알 수 있는 원인 하나'가 되어 우리의 삶을 안정되고 복되게 이끌 것입니다.

極樂堂前滿月容 극락당전만월용
玉毫金色照虛空 옥호금색조허공
若人一念稱名號 약인일념칭명호
頃刻圓成無量功 경각원성무량공

극락전 앞마당에 가득찬 달빛같이

백호금빛 찬란하게 온 우주를 비추누나
누구든지 일념으로 아미타불 염불하면
잠깐 사이 위없는 정등각을 이루리라.

효孝의 도리

적멸 寂滅

諸法因緣生 제법인연생　諸法因緣滅 제법인연멸
吾母亦如是 오모역여시　從因緣生滅 종인연생멸
瞥思於生日 별사어생일　常存吾心滅 상존오심멸

모든 존재 인연 따라 생겼다
모든 존재 인연 따라 없어지네.
우리 어머니 보살 또한 그러하시어
인연 따라 오셨다 인연 따라 가셨네.
문득 나의 생일날에 생각나나니
어머님은 언제나 내 마음 적멸로 계시네.

● 　　　새 생명을 얻는다는 것은 모두가 축하해주는 기쁘고 좋은 일입니다. 그렇지만 나고 죽는 윤회의 업보를 끊고 완전한 해탈을 꿈꾸는 불자佛子들에게 생일이란 사실은 업이 중重하여 다시 중생의 몸으로 태어났기에 축하할 일이라기보다는, 이 세상에 태어나 부처님의 가르침을 따를 수 있게 인간의 몸으로 태어나게 해주신 부모님께 감사드려야 하는 날입니다.

시 '적멸'은 생일에 어머님이 생각나 지은 시詩입니다.

"一子出家일자출가 九族生天구족생천, 집안의 한 자식이 출가하면 구족이 모두 천상에 난다."는 말이 있지만, 그 말을 무색하게 할 정도로 부모님들은 출가한 자식들을 생각하며 애달파하십니다. 이 세상을 뜰 때도 자식이 열이 있으면 아홉 자식의 이름은 다 잊어도 출가한 그 한 자식의 이름을 부르다 눈을 감는다 했습니다. 부모님의 마음을 아프게 하고 상심傷心하게 했으니 불효는 불효입니다.

하지만 출가는 부모님을 가까이서 친히 모시는 효를 넘어서 부모님과 일가친척 구족이 죽어서 천상에 태어나게 할 뿐 아니라 그 인연으로 불법을 닦아 극락에 나고 보리菩提를 이루게 하므로 더더욱 불효가 아니며 오히려 아주 차원 높은 효인 것입니다.

이러한 효의 도리가 한 달에 한 번 있는 지장재일기도나 7월 보름 백중기도, 특별 천도재 등 조상 천도 기도에 있습니다.

'아버지를 닮았다', '어머니를 닮았다' 함은 나의 핏속에 다 열거할 수 없는 선망 조상 부모의 피가 흐르는 것을 말합니다. 내가 여기에 있게 된 이유, 나를 여기에 있게 한 가장 큰 덕이 조상 덕입니다. 그래서 우리는 정성을 다하여 기도를 함으로써 구천에서 어떠한 고통을 받고 있을지 모르는 조상의 무명업장을 씻어 내어 편안히 더 나은 길로 들어서게 해드리는 것입니다. 그것이 지중한 인연의 도리이며 자손으로서의 역할이기도 합니다.

염불念佛, 독경讀經, 부처님의 고귀한 진리의 법문을 듣고 환상에서 깨어나 모든 갈애와 탐착을 훌훌 털어 버리고, 다음 생의 좋은 인연처에 다시 태어나라는 뜻에서 재를 올려드려 최고의 복락福樂을 누리게 함입니다.

당나라 때 양보楊補라는 사람이 불도佛道를 닦기 위하여 사천에 사는 불법佛法에 능통하기로 유명한 무제보살을 찾아 먼 길을 가다가 저잣거리에서 한 노인을 만났습니다.

"젊은이, 어디를 가시는가?"

"사천에 무제보살이라는 훌륭한 스님이 있다는 소문을 듣고 그분을 뵈러 가는 길입니다."

"그분을 만나서 무엇을 하려고?"

"무제보살님을 만나서 그분을 스승으로 모시고 부처가 되고 싶습니다."

노인은 한참을 웃더니 이렇게 말하였습니다.

"부처가 되고 싶으면 부처를 만나 그분을 스승으로 삼으면 될 것을 어째서 그 먼 사천까지 가서 보살을 만나려 하는가. 보살보다 부처를 만나는 게 낫지 않은가?"

"노인장께서는 부처가 계신 곳을 알고 계십니까?"

"지금 곧바로 집으로 가면 이불을 두르고 신발을 거꾸로 신은 채 뛰어나와서 젊은이를 맞는 사람이 있을 걸세. 바로 그분이 부처님이라네."

가만히 생각해보니 맞는 말이라 양보는 생각을 바꿔 집으로 가기로 정하고 걸음을 되돌렸습니다. 부처님을 하루 빨리 뵙고 싶은 마음에 천릿길을 한달음에 달려온 양보는 밤늦게 집에 도착하여 문을 두드렸습니다.

"저 왔습니다."

그때 정말로 이불을 두른 채 신발도 신지 않고 맨발로 달려 나오는 이가 있었으니 바로 어머니였습니다. 집을 떠나 한참만에 돌아온 반가운 아들 소리에 얼마나 다급했던지 옷도 입지 못하여 이불을 둘러쓰고 신발도 신지 않은 채 맨발로 뛰어나온 것이었습니다.

"부처님, 우리 어머니 부처님!"

낳아서 키워주시고 언제나 염려하며 자식이 잘 되길 기원하시는 어머니가 바로 부처님이었던 것입니다. 이에 크게 깨달은 양보가 말했습니다.

"부처님은 집안에 있다佛在家中."

부처님은 멀리 있지 않습니다.

가장 가까이에서 부처님 되어 나에게 은혜를 베풀어 주시고 나를 존재케 하고 나를 가장 나 되게 해주시는 분이 부모이며 또한 조상이라 할 수 있습니다.

부처님은 효에 대해 "남의 부모를 보되 자기 부모같이 보아야 보살이라 한다. 은혜를 알고 은혜를 갚는 이가 보살이다."라고 말씀하셨습니다.

옛 스님들은 "염불은 모든 법 중의 제일이요, 효도는 백 가지 행의 으뜸이다. 효심孝心이 불심佛心이며 효행孝行이 부처님 행行이다. 누구나 부처님과 같아지려면 반드시 부모에게 효도해야 한다."라고 하셨습니다. 바로 효란 불심이며 보살행이라는 말씀입니다.

우리는 각별한 인연으로 부모와 연을 맺게 되었는데, 일체중생이 전생의 부모였거나 내생의 부모가 될 수 있다는 가능성을 인식하고 내 부모는 물론 남의 부모도 내 부모 모시듯 섬기는 마음을 가져야 합니다. 천도재에 선망 부모 및 일체 유주무주 고혼의 천도를 함께 하는 이유도 여기에 있는 것입니다.

불교에서 말하는 효는 윤리적 차원을 넘어 보다 근본적인 연기법칙緣起法則, 즉 상의상관相依相關의 관계 속에서 그것이 곧 부처의 길임을 알고 일체중생을 이익되게 하는 자비행慈悲行을 실천하는 일입니다.

자비행이 불교의 근간을 이루는 만큼 자비행이 불교의 처음이자 끝임을 알 때 불교에서 효를 얼마나 중요하게 여기는지 알 수 있는 일입니다. 불교만큼 효를 이야기하는 종교도 없습니다. 점점 희미해져가는 효의 정신은 물론, 가족 해체 시대에 여법如法한 천도재야말로 조상에 대한 보은의 마음을 되살리고 가족을 하나로 묶어주는 하나의 대안代案이 될 것입니다.

多生父母 다생부모　十種大恩 십종대은
懷耽守護恩 회탐수호은　臨産受苦恩 임산수고은
生子忘憂恩 생자망우은　咽苦吐甘恩 연고토감은
廻乾就濕恩 회건취습은　乳哺養育恩 유포양육은
洗濯不淨恩 세탁부정은　遠行憶念恩 원행억념은
爲造惡業恩 위조악업은　究竟憐愍恩 구경연민은

부모님이 주신 열 가지 은혜
어머니 배 속에 있을 때 목숨을 걸고 보호한 은혜
나를 낳을 때 괴로움을 참으신 은혜
아기를 낳고 근심을 잊고 안심하는 은혜
쓴 것은 삼키고 단 것은 뱉어서 먹여주는 은혜
마른자리 나를 뉘이고 젖은 자리 눕는 은혜
젖과 밥과 온갖 약으로 보살펴 주신 은혜
오줌똥 더러운 것도 싫다 않고 가려준 은혜
멀리 갔다 올 때까지 걱정하고 애써주신 은혜
나를 위해 나쁜 일도 마다하지 않은 은혜
어른이 되어 장성을 해도 사랑하는 은혜

천도재는 선행善行

• 천도재를 통해 우리가 지극정성으로 염불하게 되면 나 하나로 인해 많은 사람들, 많은 영가들이 더불어 천도 됩니다.

이 우주법계에는 유주무주의 고혼, 태중영가 등 한량없는 영가들이 있습니다. 정처없이 떠도는 외로운 영가들로서 그들 모두는 무수한 세월 동안 유정무정 인연 닿지 않은 것이 없이 순회를 거듭해 왔습니다.

그래서 내 선망 부모 재를 올릴 때 인연 있는 일체 고혼들도 그 거룩한 법석法席에 청하여 인색하지 않게 법식法食과 법음法音의 혜택을 누려 감화를 받게 하여 천도하는 것입니다. 자비심의 발로이며 곧 선행이 되는 것입니다.

이것이 바로 천도재를 지내는 이유 중의 하나입니다.

인연 영가들이 원결을 풀고 또한 더불어 천도될 때 내가 천도하려는 선망 부모의 영가가 올바르게 천도될 수 있습니다. 우리는 모두 중중무진의 우주법계에서 이런저런 인연을 맺고 살아가는 존재들로서, 궁극적으로는 행복공동체인 불국토를 건설하려고 하기 때문입니다.

한 고을에 노부부가 살고 있었습니다. 할머니는 절에 다니며 부지런히 염불하면서 내생 길을 잘 닦아 가고 있었으나 할아버지는 하는 일 없이 세월만 보냈습니다. 그것을 안타깝게 여긴 할머니는 할아버지에게 염불을 가르쳤습니다.

그런데 나이 탓인지 '관세음보살'을 아무리 가르쳐도 자꾸 잊어버리자, 할머니는 할수없이 방문 위에 방울을 하나 달아놓고 오며 가며 상투에 걸려 방울소리만 나면 '관세음보살'을 외우고 기도를 하라고 시켰습니다. 할아버지는 다행히 자연스럽게 염불을 할 수 있게 되었습니다.

그로부터 몇 년이 흘러 할아버지는 세상을 떠나게 되었습니다. 드디어 죄의 심판을 받는 날이 되어 염라국에 도착한 할아버지는 옥졸들의 안내에 따라 가고 있는데 갑자기 어디선가 방울소리가 나는 것이었습니다. 옥졸들이 영가들을 인솔하기 위해 집중시키려고 한 번씩 석장으로 땅을 내려칠 때 그 위에 달린 방울에서 나는 소리였습니다. 할아버지는 자신도 모르게 평소 하던 습관대로 '관세음보살' 하였습니다. 그 소리에 깜짝 놀란 옥졸은 누가 말했는지 물었습니다. 할아버지는 자기가 무슨 큰 잘못이라도 한 줄 알고 입을 꾹 다물고 가만히 있었습니다. 옥졸이 염라대왕에게 가서 그 이야기를 전했습니다.

"그 사람의 죄업은 이미 소멸되었으니 극락에 보내거라."

하지만 옥졸들이 그 사람을 아무리 찾으려 해도 나타나지 않자, 염라대왕이 다시 명을 내렸습니다.

"이곳은 관세음보살을 부른 사람이 있을 곳이 아니라서 극락으로 보내려하나 찾을 길이 없으니 그날 그곳에 있던 사람들을 모두 함께 극락으로 보내주어라."

한 사람의 관세음보살 염불공덕이 지옥의 수많은 사람을 살린 이야기입니다. 우스개 이야기 같지만 한 사람 때문에 주위 사람들이 다 좋아지는 경우는 아주 많습니다. 나로 인해 다른 사람을 살린다는 것은 참으로 착한 일이고 복된 일입니다.

석가모니 부처님을 포함한 과거 일곱 부처님의 불변의 가르침을 뜻하는 것으로 어느 한 곳, 어느 한 때에 그치지 않는 보편타당한 진리를 칠불통계七佛通戒라 합니다.

諸惡莫作제악막작 衆善奉行중선봉행
自淨其意자정기의 是諸佛敎시제불교

모든 나쁜 짓은 하지 말고 온갖 착한 일을 받들어 행하여
스스로 그 마음을 깨끗이 하라, 이것이 모든 부처님의 가르침이니라.

이러한 맥락에서 천도재란 나의 선망 조상은 물론 일체 유주무주 고혼을 천도하는 좋은 일로서 내 마음까지 맑히는 선근공덕善根功德을 심는 큰 불사임에 틀림없고 부처님의 가르침을 실천하는 거룩한 일이라 할 수 있겠습니다.

四大各離如夢中 사대각리여몽중
六塵心識本來空 육진심식본래공
欲識佛祖廻光處 욕식불조회광처
日落西山月出東 일락서산월출동

사대 각각 흩어지는 것 꿈 가운데 일 같고
육진이나 마음앎이 원래부터 비어 있음이라.
불조의 회광처를 알고자 한다면
해 서산에 지니 달 동산에 오르더라.

입을 잘 쓰는 방법

- 　　　속담에 보면 유난히 입과 말에 관한 내용이 많습니다. 그만큼 말을 조심해야 하고 잘 사용해야 한다는 경고이기도 하겠습니다. 말 한마디에 천냥 빚을 갚기도 하지만, 혀가 마음과 몸을 베는 칼이 되기도 하는 것이 말의 속성입니다. 요즘은 세상이 변해 인터넷의 댓글이 사람을 살리기도 하고 죽이기도 하는 시대가 되었습니다.

부처님 득도得道 후 49년간 설하신 수만 가지의 설법은 모두 사람을 영원히 살리는 말씀이었고, 그 본질은 한가지였습니다. 부처님은 일관되게 진어眞語, 여어如語, 불광어不狂語, 불이어不異語를 말씀하시지만, 중생은 쉼없이 악구惡口, 양설兩舌, 기어綺語, 망어妄語의 업을 짓고 있습니다.

부처님이 왕사성 죽림정사에 계실 때입니다.

부처님의 사촌이자 아난의 형인 데바닷다는 처음엔 부처님의 제자였으나 질투의 화신이 되어 승단을 분열시키고 부처님을 해하기까지 합니다. 손톱에 독을 발라 부처님을 독살하려 하고, 코끼리에게 술을 먹여 부처님을 공격하게 하는 등 그의 악행은 도를 넘어설 정도였습니다.

그는 자신을 따르는 추종자들과 함께 새로운 교단을 만들어 부처님과 맞서려 했는데, 그 중 코카알야는 차마 부처님은 비방하지 못하고 부처님의 수제자인 사리불과 목건련을 비방하고 다녔습니다. 부처님은 어느 날 코카알야를 불러서 타이르셨습니다.

"코카알야야, 너는 어찌하여 사리불과 목건련을 비난하는가. 그들은 나의 훌륭한 제자이자 아라한들이다. 계속 그들을 비난한다면 긴 밤 동안 이익 되는 바가 없을 것이다. 나중에 분명히 고통을 받게 될 것이다."

그러나 그는 자신의 행동을 고칠 생각은 전혀 하지 않고 그 자리를 떠났습니다.

그런데 그 후 얼마 지나지 않아 코카알야는 온몸에 문둥병과 같은 증세가 나타나 피고름을 쏟으며 큰 고통에 시달리다가 끝내 길거리에서 죽게 됩니다. 그 소식을 들은 부처님은 안타까움을 감추지 못하고 제자들에게 말씀하셨습니다.

"사람이 이 세상에 태어나면 입 안에 도끼가 함께 생긴다. 그것을 잘 간수하지 않으면 도리어 제 몸을 찍나니 그것은 세 치 혀를 잘못 놀리기 때문이다. 칭찬해야 할 것을 도리어 비난하면 그 죄는 입에서 생긴 것이니 결국 죽어서 나쁜 곳에 떨어지게 된다. 장기와 바둑으로 내기를 해서 재물을 잃는 것은 오히려 작은 허물이다. 그러나 삼보를 잃게 되는 것이야말로 큰 허물이 된다."

『잡아함경雜阿含經』의 「구가리경瞿迦梨經」에 나오는 이야기입니다. 절에 와서 하루종일 기도하고 잠깐 쉬는 시간에 복을 다 까먹는 사람이 있습니다. 절에 다니면서도 구업을 짓고 다니는 사람은 코카알야와 같은 과보를 면치 못하게 될 것입니다.

멀쩡한 사람을 비방해서 고통을 주는데 왜 업보가 없겠습니까? '고통을 받게 될 것이다' 라는 말씀은 부처님의 승단을 욕한다고 저주의 말씀을 하신 것이 아닙니다. 인과를 설명해 준 것뿐입니다.

입단속에 대한 경고는 아무리 해도 부족함이 없습니다. 구업을 덜 짓기 위해서라도 경전을 가까이 하는 것은 아주 좋은 일입니다. 경전을 통하여 자신이 부처님 말씀을 그대로 하기 때문입니다.

절에 와 법당에 들어 왔는데 우연히 안면부지顔面不知의 영가천도가 있어 서둘러 법당을 나오는 일이 간혹 있을 겁니다.

'모르는 사람인데….'

'시간이 아까워서….'

그러나 그 시간을 아깝다 생각하면 안 됩니다. 이미 앞서 언급했듯이 우리는 말로 다 할 수 없는 오랜 세월 동안 윤회를 거쳐 오면서 닿지 않은 인연이 없기에 영가를 위한 재에 동참하는 것은 의미가 있는 일입니다. 바로 나의 수행과 직결되며 복 짓는 일입니다.

그런데 그 시간, 나가면 뭐합니까?

남는 시간에 재에라도 동참하라는 것은 다른 곳에 가서 괜스레 남을 헐뜯거나 흉보며 구업 짓지 말라는 말입니다.

잡다한 얘기 안하고 지저분한 소리 안 듣고, 염불하고 부처님 말씀 들으니 이 얼마나 좋습니까!

"노는 입에 염불한다"는 말이 있습니다. 맞는 말입니다. 노는 입뿐만 아니라 자나깨나 염불해야 합니다. 진언이나 다라니 독송도 좋습니다. 나쁜 생각을 돌이켜 착한 생각을 내게 하여 청정한 생활을 실천하게 하는 부처님의 지혜작용이 있기 때문입니다.

자나깨나 염불하는 것, 입을 가장 잘 쓰는 일입니다.

阿彌陀佛在何方 아미타불재하방
着得心頭切莫忘 착득심두절막망
念到念窮無念處 염도염궁무념처
六門常放紫金光 육문상방자금광

아미타 부처님이 어느 곳에 계신가를
마음속에 꼭 붙들어 잊지 말고 생각하되
생각하고 생각하여 무념처에 이르면
눈, 귀, 코, 입, 몸, 뜻에서 자금광을 발하리라.

행복공동체 구현

- 삶의 목적은 행복 추구입니다.

우리가 일반적으로 말하는 행복은 세속적 욕망을 채워나가는 충족감에서 오는 것이지만, '불교적 행복'은 그 욕망을 제거하는데서 오는 맑은 충족감을 말합니다. 온갖 탐욕덩어리인 '나'를 버려가며 우주 법계의 진리에 계합하여 우주 전체를 하나의 공동체로 생각하고 공존하는 것입니다.

세속적 행복은 우리의 마음에 따라 행복이 불행이 되었다가 불행이 행복이 되었다가 하여 허탈한 충족감이 동반되지만, 참 행복이란 텅 빈 충만의 행복으로 여여如如하게 그 자리를 지킵니다.

우리의 인생은 절대로 혼자서 독불장군처럼 살 수 없게 되어 있습니다. 상생相生, 더불어 사는 삶입니다. 나의 행복이 곧 타인의 행복으로 이어져야 합니다. 또한 금생과 내생이 서로 소통하면서 진리에 계합하는 바람직한 가치를 창조하도록 해야 합니다.

불교적 관점에서는 이승에서의 삶만이 삶이 아닙니다. 영혼과 육도윤회가 존재하는 속에서 먼저 가신 선망 조상과 인연영가들, 유정무정有情無情 모두가 생명을 함께 나누며 하나의 생명 공동체를 이룹니다. 사람과 사람, 자연과 자연, 사람과 자연, 그 모두가 한데 어우러져 인연인과因緣因果 속에서 함께 살아가고 있는 것입니다.

공동체란 화해와 소통을 통해 나눔으로 한쪽으로의 쏠림을 막고 모두가 다 좋아지는 것을 추구합니다.

조상 천도를 위한 기도를 통해 영가는 자손이 베풀어준 공양과 부처님의 위신력으로 상승윤회의 더 좋은 길로 들어서거나 극락으로 갑니다. 또한 재를 지낸 자손은 천도의식에 참여하는 것만으로도 조상 천도의 선업善業을 짓는 것뿐만 아니라 천도의식을 통한 수행으로 자신의 업을 맑히니 삶과 죽음의 경계를 툭 털어 그 모두가 좋아지는 현장입니다.

살다보면 원수를 맺을 때도 있습니다.

어쩔 수 없는 억울한 상황에서 그것을 풀지 못하고 죽게 되면 한이 맺힌 마음으로 빚 받을 것에 집착하면서 살아 있는 사람을 힘들게 합니다. 그러한 집착으로 인한 마음의 응어리를 원결怨結이라 하는데, 한 맺힌 존재들을 상대로 천도재를 올리면 그 잘못된 생각이 부질없음을 알고 어두워진 마음을 다 내려놓게 됩니다. 원결을 풀고 대신 편한 마음으로 제 갈 길을 가게 되니 천도재를 통해서 너와 내가 모두 행복해지는 행복공동체가 구현되는 것입니다. 그런데 그 안에는 그렇게 해주는 요인이 있습니다.

영가들의 다겁생에 훈습된 갈애와 탐욕의 뒤바뀐 생각을 되돌리기 위하여 우주법계의 실상을 깨우치게 하는 끊임없는 부처님의 법문과 또한 맺힌 원한을 풀게 하는 비밀스런 진언이 들어 있기 때문입니다.

해원결진언解怨結眞言, 원한과 맺힘을 풀어주는 주문이 그것입니다.

"옴 삼다라 가닥 사바하"

불살생不殺生이 불자佛子의 첫 번째 계戒임을 알기에 본의 아니게 동물이나 해충 등을 죽일 때는 '비록 미물이지만 원한을 맺지 않을까' 하고 마음이 편치 않을 때가 있습니다. 원한을 맺는다는 것은 다음 생이 힘들어짐을 예견하기 때문입니다.

그것이 세상 돌아가는 이치입니다.

하지만 서산 대사가 임진왜란에 승병을 일으켜 싸운 것처럼 더 많은 사람들의 무고한 죽음을 막기 위한 방편이라면 이것은 오히려 넓은 의미의 불살생계의 실천으로 볼 수 있습니다. 살생이라는 행위 자체보다는 그 이유가 어디에 있는가를 살펴봐야 합니다. 해충害蟲이나 위험한 짐승을 죽이는 이유는 그것들로 인해 나는 물론, 주변의 다른 사람들까지도 피해를 볼 수 있기 때문이라는 점을 우선 생각해야 합니다. 짐승이나 해충보다는 나와 지중한 인연을 맺고 있는 사람들을 위하고, 그들에게 은혜를 갚는 일이라 생각하면 됩니다. 한편 해충들에게는 좋은 일을 할 수 있는 새로운 몸으로 태어날 수 있게 인연이 되어주도록 노력하는 것이 바른 도리입니다.

하찮아 보이는 미물일지라도 어쩔 수 없이 살생을 한 후에는 "내생엔 좋은 몸을 받아 태어나라"라며 천도하는 마음을 갖고 해원결진언 등으로 그들의 명복을 빌어주는 것입니다.

요즘은 국내외적으로 동물에게도 천도재를 지내주는 일들이 간혹 있는 것을 보면, 불교 생사관에 입각한 죽음을 바라보는 시각이 새로이 일고 있음을 알 수 있습니다.

이러한 것들은 모두가 함께 어우러져 사는 상생의 길로, 우주의 진리인 불법을 따르다 보면 자연히 행복공동체를 이루게 됩니다. 모든 것이 나 홀로 존재하는 것이 없이 모든 인연 속에서 연관되어 존재하기 때문입니다.

천도재가 영가에게 좋은 것은 말할 것도 없고 재를 지내는 사람의 공덕 또한 그러하니 선망 조상과 내가 서로 윈win-윈win할 수 있는 최고의 만남의 기회라 할 수 있겠습니다.

願共法界諸衆生 원공법계제중생
同入彌陀大願海 동입미타대원해
盡未來祭度衆生 진미래제도중생
自他一時成佛道 자타일시성불도

원하건대 시방법계 한량없는 모든 중생
모두 함께 아미타불 대원력의 바다에 들어
오는 세상 다하도록 모든 중생 제도하고
나와 남이 한순간에 부처님 길 이루리라.

법계法界 속에 충만한 복과 덕을 불러들이려면

• 이 우주법계는 우리를 살리려는 생명력 넘치는 에너지가 시공을 초월하여 충만해 있습니다. 그러나 그것은 마음을 떠나서는 존재하지 않습니다. 내가 마음을 여는 만큼, 내가 마음을 비운 만큼 고스란히 보내주게 되어 있습니다. 지저분한 것이 가득 찬 곳에는 귀중한 것이 들어올 수가 없으니 늘 청소하고 정화해야 합니다. 그것이 법계에 충만한 복과 덕을 불러들여 내 것으로 만드는 방법입니다.

쉬운 일은 아닙니다. 무슨 일이든 하루 아침에 이룰 수는 없으니 습관이 되도록 마음을 열고 연습해야 합니다. 감사하는 마음을 연습하면 감사할 일이 생기듯, 모든 일의 요체는 어떻게 내 마음을 연습해야 하느냐에 달려 있습니다.

조상 천도재와 관련하여 내 마음을 어떻게 써야 법계의 생명력과 닿을 수 있겠습니까?
그 마음을 쓰는 구체적인 실천 방법을 제시합니다.

첫 번째, 정성을 다해서 참여한다.

정성을 다한다는 것은 온 마음을 그 일에다 쏟는다는 말입니다. 시간에 늦지 말고, 특히 49재 때는 매번 빠짐없이 동참하는 것이 좋습니다. 그 의미를 안다면 불평불만 없이 기꺼이 참여하게 되어 있습니다.

간혹 재 지내는 비용을 두고 이러쿵저러쿵 실랑이를 벌이는 경우가 있는데 절대 그런 일 없이 깨끗한 마음으로 해야 합니다. 살기가 힘들어 보이지도 않는데 재비齋費를 깎아 영가에게 빚이 되도록 만드는 사람이 있습니다.

재비가 영단을 꾸미는 향, 초, 과일, 음식물 등을 준비하는 명목이긴 하지만 사실상 액수를 떠나 불사금佛事金이라는 상징적인 의미를 갖습니다. 영가 전에 올리는 노자돈도 마찬가지입니다. 모두 다 불사에 쓰여지므로 그만큼 영가에게 공덕이 되기 위함입니다.

영가가 남겨놓고 간 돈이 있을 때에도 후손의 도리로 조상 가는 길을 위해 보다 의미있게 사용하는 것이 마땅함에도 불구하고 그것마저 자기 것으로 챙기려고 안달을 합니다. 결국 다 자기 욕심 때문입니다. 욕심이 과하면 일을 그르칩니다. 진실로 영가를 위하는 마음으로 정성을 다해서 동참해야 합니다.

두 번째, 생각나는 영가는 다 챙긴다.

남편과 부인 양가兩家 모두 챙기고, 특히 자연유산을 포함한 태중

영가, 모든 인연 영가를 잘 챙겨 천도해야 합니다.

또한 일체 유주무주 고혼영가에 대한 배려도 잊지 말아야 합니다. 의지처 없는 외로운 인연 영가를 보살펴주는 것은 자비로운 일이며 그 공덕이 크기 때문입니다.

세 번째, 금강경을 독송하고 사경한다.

규칙적으로 금강경을 하루에 한번 이상 꼭 읽고, 하루 30분 이상 틈틈이 사경하기를 권합니다. 모든 죄업의 원인이 되는 집착을 끊어내는 원동력이 금강경에 있기 때문입니다. 그것은 괴로움과 번뇌를 곧 보리심菩提心으로 화化하게 하는 대전환의 힘입니다.

중국 송나라 때 고급관리인 이부상서를 지낸 범중암의 이야기입니다. 돌아가신 어머니의 장례를 치르고 재를 지내는 중에 어머니가 꿈에 나타나 다급하게 부탁했습니다.

"아들아, 내가 지옥에 떨어질 것 같구나. 내가 지은 죄가 중하여 49재가 끝나기도 전에 심판을 받게 된다 하니 나를 제발 구해다오, 나를 위해 공덕이 될 만한 경經을 하나 찾아 읽어다오."

꿈에서 깬 범중암은 속히 어머니의 현몽을 주지 스님에게 알렸고, 주지 스님은 금강경을 택하여 대중 스님과 주야로 독송을 하였으며 일이 다급한 만큼 범중암에게도 틈나는 대로 읽고 쓰기를 시켰습니다. 이렇게 정성을 쏟은 지 5일째 되는 날 밤, 어머니가 범중암의 꿈속에 환한 얼굴로 다시 나타났습니다.

"고맙다, 아들아. 스님들이 금강경을 독송해주시고 네가 나를 위해서 주야로 금강경을 읽고 쓴 공덕으로 큰 가피를 입어 죄업을 면하게 되었단다. 나의 집착과 번뇌는 사라져 환희심이 이는구나."

금강경 독송과 사경의 공덕은 말로 다 표현할 수가 없습니다.

네 번째, 영가 이름으로 법보시를 해서 영가로 하여금 베풀게 한다.

영가에게도 보시布施를 할 수 있는 기회를 주는 것입니다. 20여 년간 수많은 사람들의 죽음을 옆에서 지켜본 임종간호사가 그들의 유언을 분류, 정리한 결과 회한의 내용이 '베풀 걸', '즐길 걸', '참을 걸', 이 세 가지로 압축되었다고 합니다. 죽음을 앞둔 대부분의 사람들이 이 세 가지 생각을 한다는 것입니다.

베풀 걸…….
베풀지 못하는 것은 인간의 탐욕심 때문입니다. 그러나 사람이 죽을 때가 되면 너그러워집니다.
죽음 앞에서 무어 그리 잡을 것이 많겠습니까?
평생을 움켜쥐고 업고 지고 끌어안고 살아도 결국 별것 아니었다는 것을 알게 됩니다.

베푼다는 것, 보시는 나의 탐욕심을 끊게 하는 최상의 방법입니다. 영가 자신이 그렇게 못했다면 후손들이라도 영가가 선근공덕을 쌓을 수 있도록 도와주어야 합니다. 그것은 곧 나의 선근공덕이 되기도 합니다.

모든 공덕 중에 법보시의 공덕이 으뜸이라 했습니다. 부처님의 가르침을 전하는 것만큼 좋은 일은 없습니다. 사람을 이롭게 하기 때문입니다. 어려운 처지에 있는 이웃이나 교도소 등에 법보시를 하여 그들의 어두운 마음에 한 줄기 빛이 되게 함이야말로 거룩한 일입니다. 만약 물려받은 유산이 있다면 그 또한 영가를 위하여 널리 베풀어 그의 공덕이 되도록 해주어야 합니다.

살아생전 아까워서 베풀지도 못하고 살다가 후손에게 고스란히 다 물려주고 갔는데, 그것도 헤아리지 못하고 자기 주머니에 다 챙겨넣는다면 인간적 도리도 아니거니와 후손으로서 영가에 대한 도리도 아닙니다. 회향이란 공덕을 극대화시키는 감사와 자비심의 마음입니다. 반드시 실천해야 할 사항입니다.

즐길 걸······.

'인생은 즐기는 자의 몫'이라 했습니다. 후회하지 않는 삶을 살려면 현재를 즐겨야 합니다. 산천도 즐기고, 사람도 즐기고, 고통까지 즐기는 지혜가 필요합니다. 사람이 살아가면서 하는 걱정의 80~90%가 이미 지나간 과거에 대한 후회나 아직 오지 않은 미래에 대한 염려라 합니다.

현재를 즐기지 못하니 평생 인생을 즐기지 못한 것입니다. 바로 눈앞에 있는 행복을 찾을 생각은 않고 만날 걱정하고 만족하지 못하다가 인생의 막바지에 이른 것입니다. 매순간 모든 경계를 긍정으로 받아들이고 만족하며 즐겁게 사는 삶의 여유가 필요합니다.

참을 걸······.

마지막으로 사람들이 인내해 내지 못한 후회가 많았다고 합니다. 그 순간 참지 못해 일을 그르치거나 상대에게 상처 주는 일이 허다합니다. '참을 걸······' 후회해보지만, 연습이 안 되어 참 힘듭니다.

참는 것도 잘 참아야 합니다. 꾹꾹 누르기만 하다가는 홧병이 되고 맙니다. 병이 되지 않도록 참으려면 절에 와서 수행해야 합니다. 오랜 세월 수행의 결과로 인욕이 완전히 몸으로 익혀지면 참는다는 생각조차 사라지게 됩니다. 그것이 인욕바라밀忍辱婆羅蜜입니다.

막무가내로 울화를 억누르는 것이 아니라 기도를 통해 차오르는 화를 똑바로 관조觀照하여 그 근원을 찾고 찾아가면 마음의 흐트러짐이 없이 평온해짐을 경험합니다. 끊임없이 이러한 연습을 하는 것, 인생 제대로 잘 사는 것이라 할 수 있겠습니다.

나중에 후회하지 말고 베풀면서, 즐기면서, 참으면서 슬기롭게 사는 지혜가 필요합니다.

다섯 번째, 영가를 이야기할 때는 좋게 말한다.

이미 죽은 영가를 무시하거나 영가에 대해 악담하지 말아야 합니다. 사람에게는 다 장단점이 있습니다. 이미 죽은 사람을 두고 단점을 들먹일 필요없습니다. 좋은 곳으로 가게 하기 위해 공들이고 있는데 좋은 에너지는커녕 나쁜 에너지를 보태는 것은 '다 된 밥에 재 뿌리는 일'입니다. 그것은 어떤 화禍를 불러일으킬지도 모릅니다.

예를 들어 한 사람을 두고 "완전히 시골 촌뜨기 같다." 하는 것과 "참 순진해 보인다." 하는 것은 어감이 매우 다릅니다. 살아 있는 사람이나 죽은 사람이나 다 같은 이치입니다. 말은 마음을 담아냅니다. 업을 맑히려는 좋은 일에 구업을 짓지 말고 밝고 긍정적인 마음의 좋은 에너지를 보내야 합니다.

천도재를 지낼 때에는

첫 번째, 정성을 다해서 참여하고

두 번째, 생각나는 영가는 모두 챙기고

세 번째, 금강경을 독송하고 사경하며

네 번째, 영가의 이름으로 법보시를 하여 베풀게 하고

다섯 번째, 영가를 이야기할 때는 좋게 말한다.

이것은 천도재의 원리에 근거한 실천사항이므로 이런 원칙을 두고 열심히 천도재에 동참하며 기도한다면 영가의 왕생극락은 물론

재를 올린 산 사람에게도 큰 공덕이 있게 됩니다.

  그런 믿음을 가지고 재일을 소홀히 여기지 말고 부디 내 마음의 울림이 있는 날이 되도록 해야 할 것입니다.

奉送孤魂魂有情 봉송고혼계유정
地獄餓鬼及傍生 지옥아귀급방생
我於他日建道場 아어타일건도량
不違本誓還來赴 불위본서환래부

외로운 영혼이 되신 영가님들 전송하옵니다.
더불어 지옥, 아귀, 축생의 모든 유정들도 받들어 보내오니
내가 다시 다른 날에 도량을 세우거든
본래 서원 잊지 말고 다시 돌아오소서.

자신의 참마음을 알아가는 길

病從何來 병종하래 病從業生 병종업생
業從何來 업종하래 業從妄生 업종망생
妄從何來 망종하래 妄從心生 망종심생
心從何來 심종하래 心本無生 심본무생
心本無生 심본무생 病從何來 병종하래

병은 어디로부터 오는가? 병은 업으로부터 온다.
업은 어디로부터 오는가? 업은 망념으로부터 온다.
망념은 어디로부터 오는가? 망념은 마음으로부터 온다.
마음은 어디서 오는가?
마음은 본래 없어 청정무구한 것이다.
마음이 나온 곳이 없는데 병이 어디서 나왔는고?
병은 본래로 없는 것이다!

탄허呑虛 스님

● 　　일본의 에모토 마사루 박사가 쓴 『물은 알고 있다』라는 책은 마음에 따라 물의 결정체가 달리 바뀌는 것을 보여줍니다. 긍정적 에너지가 깃든 좋은 말의 영향을 받은 물의 결정체는 육각수의 아름다운 모습을 보였지만, 부정적 에너지의 거칠고 나쁜 말의 영향을 받은 물의 결정체는 그 형태가 깨지고 흉물스러운 모습을 보였습니다. 우리 몸의 70~80%가 물로 이루어져 있음을 알 때 사람에게 미치는 여러 형태의 에너지의 영향력은 가히 짐작하고도 남음이 있습니다.

우주 법계는 에너지로 가득 차 있습니다. 모든 것은 진동을 가지며 고유의 파동에너지를 전달합니다.

내가 하는 말, 행동, 생각은 파동을 이루며 업을 만들어 갑니다. 나쁜 말과 행동과 생각의 파동은 나쁜 에너지를 만들어 내 몸의 유전자에게도 나쁜 영향을 주어서 어디선가 고장이 나게 만들고 세월이 지나면 부정적 세포가 생겨 결국 병이 드는 것입니다. 이렇듯 병은 업의 소산입니다.

사실 모든 병은 마음의 병입니다. 그러므로 마음만 잘 쓰면 병을 극복할 수 있다는 결론이 나옵니다.

사람이 스트레스를 받으면 우리 몸에서 노드-아드레날린이라는 독극물이 발생합니다. 이 물질은 지구상에서 가장 강한 독사의 독 다음으로 치명적일 뿐 아니라 노화의 원인이 되는 활성산소가 대량으로 나온다고 합니다. 탐욕과 분노, 시기와 질투 같은 부정적인 마음은 바로 내 몸의 독극물이 되어 나를 먼저 상하게 하는 것입니다. 탐진치를 왜 삼독三毒이라 하는지 증명이 되었습니다.

실제로 부정적이고 이기적인 성격의 소유자들이 병에 많이 걸리는 것을 주위에서 자주 볼 것입니다. 그러므로 우리들은 모든 시비 분별을 다 떠나 긍정적인 삶을 사는 것이 정말로 중요합니다. 마음만 쉬면 병도 없습니다.

그렇다면 우리가 눈만 뜨면 중생심으로 인해 짓게 되는 죄에서는 어떻게 자유로워질 수 있겠습니까?

죄는 어디로부터 오는가. 죄는 망념에서 온다.
망념은 어디로부터 오는가. 망념은 마음으로부터 온다.
마음은 어디로부터 오는가. 마음은 나온 곳이 없다.
마음은 나는 것도 없고 멸하는 것도 없는데 이 무슨 도리인고?
마음은 본래 없어 청정무구한 것이다.
마음이 나온 곳이 없는데 죄가 어디서 나왔는고?
죄는 본래 없는 것이다!

죄의 근원을 찾아 들어가다 보면 결국 깨끗한 참 마음자리를 알게 됩니다. 불성을 가진 여래장如來藏들에게는 자성청정심自性淸淨心뿐입니다.

우리의 거짓된 마음은 시비하고 분별하여 편가르고, 머물고, 인과因果를 주고받고 하기에 생멸生滅이 있지만 참마음은 실체가 없고 불생불멸不生不滅하는 청정무구의 자리입니다. 청정하기에 닦을 것도 없습니다.

『천수경千手經』에서도 진참회를 통해 마음을 들어 죄상罪狀이 본래 없는 도리를 가르칩니다.

罪無自性從心起죄무자성종심기
心若滅時罪亦亡심약멸시죄역망
罪亡心滅兩俱空죄망심멸양구공
是卽名爲眞懺悔시즉명위진참회
죄의 자성 본래 없어 마음 따라 일어난 것,
마음 한 번 쉬고 나면 죄업 역시 사라지네.
죄성 없고 마음쉬면
이것 일러 진참회라.

이것이 마음의 도리입니다. 이 마음을 아는 것이 바로 나 자신, 참 나를 아는 일이며 이 도리만 깨우치면 우리는 곧 영원한 행복의 길로 접어들 수 있습니다.

만법萬法이 공함을 알았으니 나라고 할 것도 없고, 마음도 없고, 병이라고 할 것도 없고, 죄라고 할 것도 없습니다.

마음이 없는데 그 무엇이 있겠습니까!

본래로 없는 마음에 자꾸 업습業習의 에너지를 끌어모아 파도를 일으키니 마치 있는 것처럼 여겨지는 것뿐입니다.

사실 '마음만 쉬면 부처님 자리'라는 것을 우리는 압니다. 이렇듯 종달새처럼 되뇌어 보지만 실천하기란 그리 쉬운 일이 아닙니다. 하지만 부처님의 가르침을 늘 듣고 배우고 기도와 참선수행으로 마음을 바라보아 마음을 쉬는 연습을 꾸준히 한다면 어느새 파랑波浪 하나 일지 않는 잔잔한 고요를 느끼게 될 것입니다. 바로 해인海印삼매의 경지이지요.

영가에게도 마음을 쉬게 해주는 것이 바로 천도재입니다.

자손이나 인연 있는 사람들이 정성껏 준비한 법다운 음식을 흠향하고, 감로수와 같은 부처님의 미묘법문을 들은 영가가 그러한 도리를 알고 마음공부를 하여 업식業識을 맑혀 구제되는 것입니다. 살아서나 죽어서나 마음공부하기는 매한가지입니다. 그러므로 살아 있을 때 참 세상을 바로 보기 위해 마음을 부지런히 갈고 닦는 수행정진에 게으르지 말아야 합니다.

자기가 자기 스스로를 구제하는 것만큼 좋은 일은 없습니다.

더욱더 열심히 공부하고, 기도하고, 참선하고, 봉사하면서 나 자신을 깨달아가는 참불자가 되는 노력을 아끼지 말아야겠습니다.

三際求心心不有 삼제구심심불유
心不有故妄元無 심불유고망원무
妄心無處卽菩提 망심무처즉보리
涅槃生死本平等 열반생사본평등

삼세에서 마음을 구해보아도 마음이 머물러 있지 아니하니
마음이 있지 아니한 까닭으로 망심도 원래 없는 것이니라.
망심이 없는 곳이 곧 보리이니
열반과 생사가 본래 평등한 것이로다.

'한순간'에 '영원'이

一中一切多中一 일중일체다중일
一卽一切多卽一 일즉일체다즉일
一微塵中含十方 일미진중함시방
一切塵中亦如是 일체진중역여시
無量遠劫卽一念 무량원겁즉일념
一念卽是無量劫 일념즉시무량겁

하나 속에 일체가 있고 일체 안에 하나 있어
하나가 곧 일체요, 일체가 곧 하나라.
한 티끌 그 가운데 온 우주를 머금었고
낱낱의 티끌마다 온 우주가 다 들었네.
끝도 없는 무량겁이 한 생각 찰나이고
찰나의 한 생각이 끝도 없는 겁이어라.

● 　　　어느 해 여름, 동양 최대의 백련 자생지인 전라도 무안에 있는 화산 백련지白蓮池에 대한 명성을 듣고 도반 스님과 차로 달려가 그곳에 당도하니 때는 이미 해가 뉘엿뉘엿 넘어가고 있을 즈음이었습니다.

해가 산등성이로 넘어가며 발하는 빛과 극락정토를 상징하는 하얀 연꽃바다가 어우러져 만들어내는 조화는 참으로 일품으로 큰 감동으로 다가왔습니다. 급하게 사진기를 꺼내 그 장면을 포착하여 찍는데 단 5초의 틈도 허용되지 않았습니다.

순간의 강렬함에 온 우주를 느끼는 기분이었습니다.

그 순간을 전후로 조금 이르거나 늦어도 원하는 구도의 그 절묘한 광경을 찍을 수 없었을 것입니다.

"아, 모든 것은 순간에 들어 있다!"

그때 스치는 생각이었습니다. 우주의 진리가 응축되어 있는 순간을 잡아 영원을 담아냈던 것입니다.

우리가 수억 겁의 윤회를 지나 사람의 몸을 받고 불법을 만나 불자로서 살아간다는 게 얼마나 큰 행운인지 모릅니다. 그런데 과연 이렇게 귀한 시간을 잘 살고 있는가에 대한 질문을 스스로에게 해 봅니다.

우리는 자기가 일반적으로 생각하는 삶, 그것이 삶의 전부인 냥 착각하고 대부분 허망한 것을 좇거나 그것을 위해 '시간을 사는 삶'을 살고 있습니다. 아침에 눈을 떠 잠자리에 들 때까지 시계 바늘을 따라, 또는 디지털 시계의 숫자를 따라 분주하게 움직입니다. 하지만 그것은 관념적인 것이고 현상계일 뿐, 실재實在하는 영원을 사는 삶, 우주의 진리에 계합하는 삶이 존재한다는 사실을 망각하고 있습니다.

만물萬物은 현상적으로 보면 천태만상이지만 그 본질은 상즉상입相卽相入, 원융무애圓融無碍, 상의상성相依相成으로 서로 안에 침투되어 걸림 없이 원융하게 관계합니다. 즉, 다름이 있을 뿐 높고 낮음이 없는 수평적 관계 속에서 중중무진연기重重無盡緣起의 법칙에 따라 서로 의존하며 존재합니다. 시간과 공간, 인간과 자연, 정신과 물질, 중생과 부처, 신과 인간, 너와 나, 과거와 현재와 미래 등 모든 것이 그러한 중중무진연기의 관계 속에서 전개되고 있습니다. 바로 이러한 총체적 관계 속에 끊임없이 생성변화의 삶을 살아가고 있는 것이 우주며, 그것이 또한 우리들의 삶이기도 하다는 실상을 자각하는 것이 무엇보다 중요합니다.

그러므로 우주의 보편적인 진리인 부처님 가르침을 절대 놓칠 수 없고, 상대적이고 유한有限한 현상세계를 넘어 무한無限의 세계와 하나 되는 기도를 놓칠 수 없고, 모든 존재가 나 아닌 것이 없어 한 몸 한 생명 공동체로서 평화롭게 함께 살기 위해 자비심을 내는 보살행을 놓칠 수가 없고, 또한 혈연관계 속에서 내 안에 존재하는 조상을 위한 천도를 놓칠 수가 없습니다.

우리에게 주어진 삶을 100년이라 잡아도 무척 긴 듯해 보이지만, 다겁생을 통해 볼 때 인생살이는 찰나에 지나지 않습니다. 진리에 계합되는 일은 지금 즉시 실천해야 합니다. 미루다 보면 하루가 한 달 되고 한 달이 한 해 되다가 마침내는 허송세월하고 맙니다. 그러면 언제 또 어떤 모습으로 윤회하게 될지 모르는 일입니다. 그러므로 진리를 만난 바로 이때 꼭 해야 할 일을 해야만 더 나은 생을 기약할 수 있다는 것입니다.

이러한 도리를 알고 부처님 가르침을 잘 배워, 마음을 맑히는 기도를 게을리 하지 않으며, 지장재일과 천도재를 잘 챙기며, 보살행의 실천적인 삶을 살 때 그것이 바로 우주 그대로의 삶을 사는 것입니다. 바로 앉은 자리에서 연화장세계蓮華藏世界가 펼쳐지는 것입니다. 순간을 영원으로 만드는 방법입니다.

移行千里滿虛空 이행천리만허공
歸途情忘到淨邦 귀도정망도정방
三業投誠三寶禮 삼업투성삼보례
聖凡同會法王宮 성범동회법왕궁

허공 끝까지 닿는 천리길 떠나시어
가시다가 정만 잊으면 그곳이 정토입니다.
삼업을 던지고 삼보님께 예경하며
성인과 더불어 법왕궁에서 만납시다.

나는 고성능의 칩chip

  • 　　우리가 살아가면서 말을 할 때 과연 '나'라는 말을 얼마나 많이 사용하며 '나'라는 말을 빼면 할 말이 얼마나 될까를 한 번 생각해 봅니다. '나'라는 생각으로 온몸을 가득 채워 반복적으로 수도 없이 확인하며 살아가고 있지만 그 실체에 대해 잘 모르고 있습니다. 나는 그리 단순하게 존재하지 않습니다.

　「예불문」에 '지심귀명례至心歸命禮 시방삼세十方三世 제망찰해帝網刹海 상주일체常住一切'라는 구절이 나옵니다. 이때 시방삼세에서 시방은 우주 전체를 나타내는 공간적인 표현으로 동서남북 사방四方과 서북, 서남, 동북, 동남의 사유四維 및 상하上下를 아울러 이르는 말입니다. 삼세는 과거, 현재, 미래로서 일체의 존재가 생멸 변화하는 과정의 시간적 차별인 시간적 개념을 나타냅니다.

　그 시공간은 무한히 펼쳐져 있습니다. 시작도 없고 끝도 없는 그 위에 '지금 여기'를 자각하는 것이 바로 나입니다.

　즉 나는 시방과 과거, 현재, 미래의 삼세를 아우르는 회로回路를 갖춘 고성능 칩으로 그 무한한 세계와 맞닿아 흘러가며 반응하는 인연연기의 메커니즘을 고스란히 담고 있는 훌륭한 존재입니다.

내 몸 안에는 수많은 조상의 피로부터 미래로는 후대에까지 이어지는 피가 흐르고 있습니다. 『삼세인과경三世因果經』에 이렇게 쓰여 있습니다.

"부모가 살아계실 때는 지성으로 봉양하고, 부모가 세상을 떠난 후에는 영가를 잘 천도하여 왕생극락을 발원해야 하느니라. 또 자신의 부모가 아니더라도 병든 노인이나 나이 많은 노인을 대할 때, 마치 내 부모를 대하듯 공경해야 하느니라. 그렇게 해야만 사람으로 떳떳하게 살아갈 수 있을 뿐만 아니라, 그 수명 또한 길어지고 자손대대로 많은 복을 누리며 부귀하게 살 수 있다."

과거 현재 미래의 모든 존재, 즉 나와 인연된 조상과 자손이 모두 내 안에 있습니다. 나는 한량없는 옛적부터 누구의 조상이었을 수도 있고, 또 누구의 자손이었을 수도 있습니다. 그것을 무수히 반복하며 왔기에 그 경계가 없는 가운데 단지 '지금, 여기'라는 것을 가장 중요히 여기며 그 생각을 잘 가꾸어 나가야 합니다.

지금의 나 속에는 선망 조상이라는 과거의 복록이 들어 있고, 현재 살아가고 있는 나의 성실성이 들어 있고, 또 현재의 내 성실성이 근거가 되는 미래의 예지豫知 능력까지 모두 들어 있습니다.

이렇듯 과거 현재 미래는 떼어내려 해도 떼어낼 수 없습니다. 그러므로 지금을 만든 과거의 복록을 살찌워 미래의 예지력에 보탬이 되도록 해서 더욱 확장된 나를 만들도록 하는 방법이 있습니다.

즉 그것은 '지금, 여기'를 어떻게 하면 더 잘 가꿀 수 있는가에 대한 구체적인 방법으로 그 해답은 바로 기도이고 수행입니다. 그 기도는 망자를 위한 기도와 살아 있는 우리를 위한 일상적인 기도가 있습니다.

현재 여기에 내가 있는 것은 과거 조상의 덕으로 과거의 복록입니다. 망자들은 나의 과거 복록과 관계있으며 또한 현재 나를 있게 했습니다. 그래서 우리가 망자를 위해 지극정성으로 축원하고, 금강경을 읽고, 천도재를 하는 것입니다. 선망 조상인 과거의 인연들을 좋게 이어나가기 위해 천도로 그들의 극락왕생을 발원하는 일은 선善의 에너지를 키우며 나를 가꾸어가는 일입니다.

그럼 우리가 과거 복록만 가꾸고 천도만 하면 나를 가꾸는 일이 끝나는가?

과거 복록도 중요하지만 현재의 성실도와 미래의 예지 능력까지 다 포함해서 내가 존재하므로 과거 복록만 가꾸는 것만으로는 부족합니다.

현재를 성실히 살아간다는 뜻은 순간순간 최선을 다하는 것으로, 나의 성실함을 100% 뒷받침하고 미래의 예지력을 100% 확보하게 합니다. 성실한 삶을 이끄는 힘은 바로 기도, 참선 등의 수행입니다. 이것이 곧 나를 올바르게 가꾸는 길입니다.

망자를 위한 천도재가 과거의 나를 위한 기도라면, 일상적인 기도는 현재의 나와 미래의 나를 위한 기도입니다. 일상적인 기도는 성실도와 예지력을 키우는 기도이므로 진실되게 꾸준히 하지 않으면 안 됩니다. 내 삶의 회로回路를 잘 꾸미기 위한 기도, 참선 등의 수행이 꼭 필요합니다. 바로 삼세의 그물코를 단단히 잇는 작업이기 때문입니다. 그럴진대 어찌 그 일을 소홀히 할 수 있겠습니까?

과거에 지은 복은 눈에 보이지 않습니다. 하지만 현재의 모습 속에서 충분히 알 수가 있습니다. 현재는 과거이자 곧 미래입니다. 미래의 세월이 아무 장애 없이 밝고 잘 되기를 바란다면 현재 성실해야 합니다. 우리에겐 지금 여기뿐입니다.

금생今生은 물론 미래생未來生도 내가 어떻게 입력하는가에 따라 나타납니다. 이런 측면에서 보았을 때 불교는 확실히 '희망의 메시지'를 주고 있습니다.

나의 존재는 우주에 접해 있습니다. 내가 곧 우주입니다. 이렇게 대견스럽고 대단한 나를 아집我執 또는 아상我相으로 구속해 원만하지 못한 세계에 두어서야 되겠습니까. 고성능의 칩을 지닌 위대한 내가 볼품없는 졸작이 되지 않게 하기 위해 '지금 여기, 현재'를 열심히 사는 청정한 마음으로 삼세의 무한한 우주에 나를 내려놓으십시오. 시간은 소멸되고 성성惺惺하게 살아있는 나를 만나게 될 것입니다.

내 삶이 우주적 에너지로 승화될 수 있도록 열심히 기도, 공부, 정진하는 불자가 되시기 바랍니다.

處世間如虛空 처세간여허공
如蓮華不着水 여연화불착수
心淸靜超於彼 심청정초어피
稽首禮無上尊 계수례무상존

허공 같은 세간살이 걸림이 없고
연꽃같이 진흙탕에 물들지 않고
청정해진 마음으로 정토에 가서
위없는 부처님께 절하소서.

죽음, 그리고 그 너머

- "生者必滅생자필멸, 태어난 자는 반드시 죽는다. 죽지 않을 자 없고 죽지 않은 자가 없다."

죽음'이란 무엇인가?

경전을 통해 보면 초기경전인 『아함경』에서는 "육체에서 호흡, 체온, 의식이 떠나버린 하나의 묘지에 버려진 나무토막 같은 것"으로 『승만경』에서는 "육근六根이 무너져내리는 것"으로 각각 정의하고 있습니다.

즉 무상하고 실체가 없는 다섯 가지 요소, 오온五蘊이 화합하여 이루어진 '거짓된 내假我'가 인연이 다해 몸의 기관들이 기능을 상실하여 회복 불가능한 상태를 말하고 있습니다.

부처님 당시 외동아들을 잃고 비탄에 빠진 한 여인이 죽은 아들을 안고 거의 실성하다시피 울부짖으며 이 마을 저 마을을 돌아다녔습니다. 그때 많은 사람들이 그 여인의 슬픔을 달랠 수 있는 분은 부처님 밖에 없다고 여겨 부처님께 그 여인을 데려갔습니다. 여인은 부처님께 자신의 아이를 살려달라고 애원하였습니다.

부처님이 말씀하셨습니다.

"아들을 살리려면 겨자씨가 필요한데, 어느 집이든 사람이 한 명도 죽지 않은 집에 찾아가 겨자씨를 구해오라."

한 사람도 죽지 않은 집은 한 곳도 없었습니다. 그제서야 그 여인은 세상에 태어난 자는 반드시 죽게 되어 있으며, 시간의 바퀴를 되돌릴 수 없음을 깨닫게 되었습니다.

그 여인의 고통은 제법諸法이 무아無我이며 제행諸行이 무상無常하다는 것을 깨닫지 못한 데서 온 것입니다.

모든 것은 고정된 실체 없이 매순간 생멸 변화를 반복합니다. 인연因緣 인과因果의 끝없는 윤회輪廻의 흐름 속에서 죽음은 한 과정일 뿐입니다.

죽음이 끝이라는 흑백논리의 단멸상斷滅相은 위험한 발상입니다. 죽음은 존재하나 죽음의 실체는 없습니다. 죽음을 기점으로 그 전후, 존재에 대한 인식을 달리할 뿐입니다.

우리가 인식하지 못할 뿐, 죽음 이후의 세계는 반드시 있습니다.

그러면 죽음 이후에 우리는 어떻게 존재하는가?

불교에서는 업, 카르마Karma에서 그 해답을 구합니다.

다겁생에 걸쳐 몸과 말과 생각으로 지은 선악善惡의 업, 즉 나의 모든 행위가 항상성恒常性을 가지는 업식종자로서 아뢰야식에 훈습

熏習되었다가 민들레 홀씨가 되어 날아가 되살아나듯 죽음 이후의 세계를 이어갑니다.

이렇듯 업력業力은 존재들이 살아 있는 동안에는 그들로 하여금 살아가게 하는 동력動力으로 작용하고, 죽은 뒤에는 그들의 미래를 만드는 에너지가 됩니다.

업은 절대로 그냥 소멸되지 않습니다. 업은 시간의 영속성永續性 안에서 인과因果의 시차를 두고 존재의 현재뿐만 아니라 미래에도 절대적인 영향을 미치고 있습니다. 존재의 모든 것은 업에 의해서 만들어지게 됩니다. 육체는 결국 마음의 그림자이며 정신작용의 부산물일 뿐입니다.

'넓은 바다와 같이 넓고 큰 덕을 지닌 스승'이라는 의미를 갖는 달라이라마는 티베트의 정치적·종교적 지도자로서 과히 독보적인 존재입니다.

티베트인들은 덕망 높은 달라이라마를 관세음보살의 화신化身이라 생각합니다. 달라이라마의 죽음은 무상無常을 가르치기 위한 방편으로 성스러운 의식을 통해 되살아납니다. 중생구제를 위해 환생還生한다고 믿어 법왕法王으로서 절대적 권위를 부여하고 계속적으로 승계하여 그에 대한 믿음을 이어 나가고 있습니다.

그런데 특이한 점은 달라이라마가 입적入寂 전에 후대後代 달라이라마에 대한 유언을 남기고 그 후대 달라이라마는 선대先代 달라이라마의 기억과 지혜를 이어받는다고 합니다. 여러 단계를 거쳐 달라이라마의 후신後身이라는 것이 확증되면 공부를 시켜 다음 대代를 잇는 달라이라마가 탄생하게 되는 것입니다.

1대부터 시작하여 지금은 텐진 가쵸 스님이 14대 달라이라마로 추앙받고 있습니다.

이것은 인도의 윤회사상과 티베트의 활불活佛 개념이 합쳐져 하나의 풍습으로 굳어진 것으로서, 육체만 달리할 뿐 주인공이 새로운 모습으로 환생을 거듭한다는 것을 단적으로 보여주고 있습니다.

죽음 이전을 삶이라 한다면 '죽음을 지나 그 너머'도 삶의 연속입니다. 죽음은 삶의 한 방식이며 또 다른 이름일 뿐입니다.

삶이 허락됨과 동시에 이미 예정된 죽음으로 달려가는 카운트다운은 시작되어 우리는 살아감으로써 죽어가는 것입니다. 매일 죽는 연습으로 어제가 전생이고 내일이 내생이 되므로, 수많은 순환의 삶이 초라하거나 궁색하지 않게 하기 위해서 현재를 열심히 살아갈 뿐입니다.

바로 죽음의 의미에 대해 정의하는 일은 '잘 죽기 위해서'가 아니라 '잘 살기 위해서' 더 필요한 일이 되었습니다.

어떤 시인은 이승의 삶을 소풍 온 것으로 보고 소풍이 끝나는 날 다시 하늘에 오르는 여정을 즐긴다는, 단절되지 않은 삶과 죽음의 불교적인 생사관을 따뜻하게 담아내고 있습니다. 죽음을 종말과 절망이라 내몰지도 않고 무슨 큰일이 난 것처럼 소란을 피우지도 않고, 그저 일상생활의 한 부분인 양 하루 일과가 끝난 후 한숨 돌리며 휴식을 취하듯 그렇게 자연스럽고 담담하게 맞이하는 게 죽음이어야 합니다.

그렇게 밝은 미소를 머금고 여행을 떠날 수 있어야 합니다.

그것은 준비된 자만이 누릴 수 있는 특혜입니다.

살아 있을 때 죽는 준비를 하고, 죽어서 다시 살아올 준비를 하는 것입니다. 평상시의 불교적 수행과 망자를 위한 천도재가 그것을 가능하게 해줍니다. 산 자와 죽은 자가 함께 어우러져 수행하며 툭 터진 마음으로 열린 죽음을 경험하는 것입니다.

가을 나무들은 나뭇잎의 색깔 옷을 갈아입으며 한 순환의 주기를 마칠 준비를 하고 있습니다. 다음 생을 위해 태우는 조용한 삶의 열정, 참으로 우리의 삶이 또한 가야 할 길입니다.

火蕩風搖天地壞 화탕풍요천지괴
寥寥長在白雲間 요요장재백운간
一聲揮破金城壁 일성휘파금성벽
但向佛前七寶山 단향불전칠보산

불로 태워 소탕하고 바람 흔들어 천지는 일시에 무너지지만

고요하고 당당하여 항상 그대로 흰구름 속 달빛처럼
우뚝하여라.
한소리 금빛 성벽 허물어지니
오로지 부처님 전 향하는 마음 칠보의 산을 향해
회향하리라.

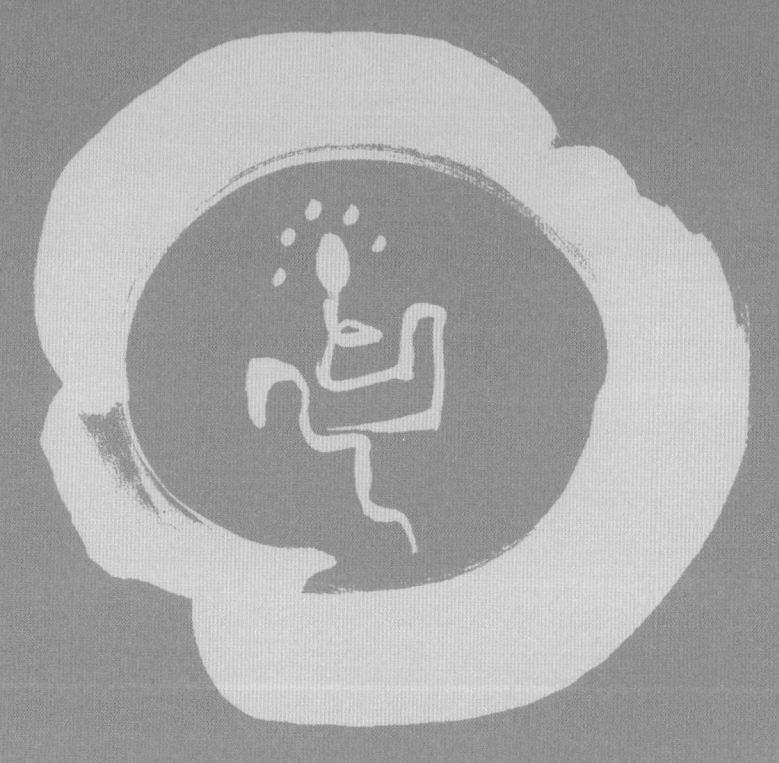

無一 우학

대한불교 조계종 영축총림 통도사에 출가하여 성파 대화상을 은사로 득도하였다. 대학에서 선학(禪學)을 전공하였으며 선방, 토굴, 강원, 무문관에서 참선 등 정통 수행을 체계적으로 닦아왔다. 성우 대율사로부터 비니(毘尼)정맥을 이었다.
현재 대한불교조계종 한국불교대학 大관음사에서 회주의 소임을 맡고 있으며 오래 전부터 간화선을 한 단계 발전시킨 선관쌍수로써 후학들을 지도하고 있다.

저거는 맨날 고기묵고1~2, 금강경 핵심강의, 새로운 불교공부, 길손여행, 완벽한 참선법, 최상의 기도법, 학습 초발심자경문, 티베트체험과 달라이라마 친견, 우학스님의 빛깔있는 법문, 불교혁신론 & 포교론, 부처되는 공부, 우학스님의 명상 북다이어리 참 좋은 인연, Soundless Whisper ; Now or Never Forever, 우학스님의 행복메시지 ; 참 좋은 생각, 하루 한 가지 마음공부법, 감사하고 사랑하며, 불교명언명구, 365일 명상다이어리 참좋은 인연입니다, 공감, 내 인생 최고의 만남 붓다, 장엄염불-참좋은 세상 외 다수.

좋은 세상 나소서

천도재의 공덕과 천도의 원리
無一 우학 스님 천도법문

2010년 7월 26일 초판 1쇄인쇄
2012년 7월 20일 재판 2쇄발행

글	無一 우학 스님
법문정리	불교인드라망
책임교정	강지연
교정교열	김영권

펴낸곳   도서출판 좋은인연 (한국불교대학 부속출판사)
편집 / 김현미 김소애 손영희
등록 / 제4-88호
주소 / 대구 남구 봉덕3동 1301-20
전화 / 053-475-3707
팩스 / 053-475-3706
홈페이지 / 한국불교대학
다음카페 / 불교인드라망

ISBN   978-89-93040-22-7(03220)

도서출판 좋은인연에서는 해외포교를 위하여 영어번역 봉사하실 분을 모집합니다.

잘못된 책은 구입처에서 교환해 드립니다.